独検合格4週間 2級

在間 進
亀ヶ谷昌秀
共著

郁文堂

この書籍の音声は，下記の郁文堂のホームページよりダウンロードすることができます。
https://www.ikubundo.com/related/89

♪　本文中のこのマークは音声収録箇所を示しています。
2　数字は頭出しの番号です。

CDは別売となります（本体価格1,800円/送料別）。
ご希望の場合は，下記郁文堂営業部までご注文をいただけますよう，お願いいたします。

【郁文堂営業部】
Mail: info@ikubundo.com
Tel: 03-3814-5571　Fax: 03-3814-5576
お問い合わせフォーム：https://www.ikubundo.com/contact

装丁：みなみのなおこ
挿絵：成田　由弥

財団法人ドイツ語学文学振興会許諾出版物

本書を使われるみなさんに

本書は，ドイツ語技能検定試験（通称：独検）2級の対策本です。2級の公開されている審査基準は，3頁に転載しておきましたが，本書では，これらの審査基準および過去の実際の試験内容に基づき，次の9つの章を設けました。

第1章	（大問1対応）	単語
第2章	（大問2対応）	前置詞
第3章	（大問3対応）	書き換え
第4章	（大問4対応）	残された重要な文法事項
第5章	（大問5対応）	長文読解（短いテキスト）
第6章	（大問6対応）	長文読解（長いテキスト）
第7章	（大問7対応）	会話
第8章	（大問8対応）	聞き取り
第9章	（本番対応）	総仕上げ（模擬テスト）

独検2級では，①文法に関しては，より細かな文法知識が問われ，②読解，会話などに関しては，より長い，より難しい語彙を使用したテキストの理解力が問われます。いわば2級は，5級・4級・3級での基本的学習項目の総仕上げであるとともに，本格的なコミュニケーション能力を問うための準備編（三段跳びのホップ）と位置付けることができると思います。

本格的なコミュニケーション能力というと何か難しそうに聞こえるかも知れませんが，要は，ドイツ語の文法規則を一つひとつしっかり学び，ドイツ語の語彙力を一つひとつ確実に増やしていくことに尽きると思います。

読解力については，140頁で，聞き取り力については154頁で少し述べましたが，聞き取り（リスニング）が苦手だとの話をよく聞きますので，この点についてもう少し「雑談」的に日頃思っていることを書いてみたいと思います（正直，私たちもリスニングは苦手でしたし，そして，今でも苦手です）。

リスニングに際して知っておいてほしい第1の点は，ドイツ人が常にドイツ語のつづり通りに発音しているわけではないということです。たとえばGans「アヒル」という単語の実際の発音は，「ガンス」というよりも，前の

子音 n の影響を受けて「ガンツ」的になります。日本語でも,「三人」「三枚」「三軒」という時の「三」は,それぞれ san-, sam-, saŋ- と,発音が異なって来ますね。そうであるならば,リスニングに際しては,単語を一つひとつ正確に聴き分けるという姿勢ではなく,文全体の中で単語を「想像」していくという姿勢が必要になるわけです。

　第2の点は,上に述べたこととも関連しますが,リスニングには,ドイツ語で聞いたことをドイツ語で再生する能力,すなわち独作文力が必要だということです。みなさんも,ドイツ語を聞いている場合,聞いた内容をすべて日本語に訳しているわけではないですね。聞いた内容をそれなりにドイツ語で再生しているはずです。そうであるならば,リスニングにも,ドイツ語を再生する能力,すなわち独作文力が必要ということになります。

　ドイツ語はつづり通りに発音されていない,聞いた内容をドイツ語で再生する能力が必要だということを述べました。では,このような点も考慮して,リスニング力をつけるためにはどうしたらよいのかということになりますね。みなさんには,折角ですので(笑),私たちが理想としている究極の対策をお教えすることにしましょう。それは … ドイツ人が使うであろうドイツ語をすべて前もって暗記してしまうということです。そうすれば,どんなドイツ語が話されていても,次に何を言って来るかが想像できるようになりませんか？ そんな馬鹿な！ と思われるかも知れませんが,関口存男という,多読に多読を重ねた大先生は,ドイツ語の小説を読んでいるとき,頁の終りに来ると,次の頁に書かれてあるドイツ語が自然に頭に浮かんできたそうです。したがって,このような努力目標もあながち絵空事ではないかも知れません。

　自分らでもできていないこと（一生かかっても無理であろうこと）を長々と書いてしまいましたが,ともかく,独検2級合格を目指して本書を手にしたみなさんの頑張りが独検合格！という喜びによって報われますことを心よりお祈りいたします。

2013年9月

著　者

独検2級の検定基準及び受験情報

　ドイツ語技能検定試験（通称：独検）を主催している財団法人ドイツ語学文学振興会が公表している「2級審査基準」は以下の通りです。

　■ ドイツ語の文法や語彙についての十分な知識を前提に，日常生活に必要な会話や社会生活で出会う文章が理解できる。

　具体的な学習時間数として，「ドイツ語授業を約180時間以上受講しているか，これと同じ程度の学習経験のある人」という注が付記されています。「ドイツ語授業を約180時間」というのは，90分授業を約120回（週2回の授業で約90週）ということになります。

　なお，過去問をご覧になればお分かりのように，試験は，筆記 (80分；配点約77%) と聞き取り（約30分；配点約23%）の二つからなります。合格点は60点を少し下回る感じです。

　筆記試験は，つづりから内容把握まで多岐に渡りますが，みなさんは，上記の審査基準を読まれ，試験内容に関する具体的なイメージを持つことができますか？　このような場合は「論より証拠」，すでに過去の（具体的には，新体制になった2008年秋からの）出題例がありますので，それらをじっくり分析し，具体的に試験内容を確認するのが何よりの対策となります。本書は，この考えに基づき，2008年秋以降の試験内容をすべて念入りに調査・分析し，作成したものです。今後は，試験が実施されるごとに，本書の記述内容と比較対照し，必要なヴァージョンアップを図っていきますので，本書を十分に信用し，活用していただければと思います。

　なお，試験日程，併願の可能性，実施要領の入手方法，独検事務局への連絡方法などについては独検事務局のサイト https://www.dokken.or.jp/ をご覧になることをお勧めいたします。最新の詳しい情報のみならず，ドイツ語学習に役立つ情報も得ることができます。

目　次

第1週

第1章　単　語

　1日目-A　複数形の作り方 9
　1日目-B　三基本形の作り方 12
　2日目　　2格語尾，比較変化形，派生名詞など 15
　3日目　　意味のまとまり 21
　4日目　　語句の配列（語順） 26

第2章　前置詞

　5日目　　前置詞を含む動詞句と形容詞句と熟語 33

第3章　書き換え

　6日目　　関係文1（定関係代名詞） 41
　7日目　　関係文2（関係副詞，不定関係代名詞） 46

第2週

　8日目　　複合文，従属接続詞 50
　9日目　　受動文 56
　10日目　 話法の助動詞 60
　11日目　 sich＋本動詞＋lassen，zu不定詞句＋sein 65
　12日目　 接続法など 69

第4章　残された重要な文法事項

　13日目　 特殊な完了形 77
　14日目　 間接疑問文 82

第3週	15日目	dass 文と zu 不定詞句の相関詞	86
	16日目	比較表現のバリエーション（任意）	91
	17日目	再帰表現のバリエーション（任意）	95
	18日目	不定代名詞（任意）	100
	19日目	注意すべき格の用法と前置詞の格支配（任意）	104

第5章　長文読解（短いテキスト）

	20日目	長文読解（短いテキスト）－A	111
	21日目	長文読解（短いテキスト）－B	116

第6章　長文読解（長いテキスト）

第4週	22日目	長文読解（長いテキスト）－A	123
	23日目	長文読解（長いテキスト）－B	132

第7章　会　話

	24日目	長い会話テキスト－A	141
	25日目	長い会話テキスト－B	147

第8章　聞き取り

	26日目	聞き取り問題（聴解テスト）	155

第9章　総仕上げ

	27日目	模擬テスト1（筆記試験）	167
	28日目	模擬テスト2（聞き取り試験）	178

【追記】--
各章の出題問題は，本番の試験に慣れるため，実際に出題された形式に準じて作成してあります。設問の後に記載された (2010年秋) (2011年春) などの表示は，当該の問題が出された年を示します。

なお，本書の作成に際しましては，過去問の関連資料，それに基づく私たちの素案をまずは第三書房のホームページに「独検情報」としてアップし，それをさらに精緻化する中で最終的な対策本に仕上げていくという方式を取りました。私たちのこのような「わがままな」試行錯誤を忍耐強くかつ快く支えて下さいました編集部の南野 (越河) 貴子さんにはこの場をお借りして心からお礼申し上げます。

また，ドイツ語テキスト出題問題作成に関し，Diana Beier-Taguchi さん (東京外国語大学) にご協力をお願いいたしました。いつでもどのような質問にも誠意をもってお答え頂き，気持ちよく仕事をさせてもらいました。Diana Beier-Taguchi さんにも，この場をお借りして心からお礼申し上げます。

第1章

単　語

- 1日目─A　複数形の作り方
- 1日目─B　三基本形の作り方
- 2日目　　2格語尾，比較変化形，派生名詞など
- 3日目　　意味のまとまり
- 4日目　　語句の配列（語順）

第 1 章　単語

《はじめに》

　大問 1 では，主に，以下の文法事項が出題されます。
　1) 複数形
　2) 三基本形
　3) 意味のまとまり（文の区切り）
　4) 語順

　前半の二つ（複数形と三基本形）は，文法の基本中の基本ですが，出題自体は少し「ひねって」あります。どう「ひねって」あるのかですって？　まあ，実例を見てください。

　後半の二つ（意味のまとまりと語順）は，目に見えない語と語，語句と語句のつながりに関するものです。
　意味のまとまり（文の区切り）とは，どの語とどの語が結びついて，意味のまとまりを作るか（別の言葉で言いますと，文の区切りをどこに置くか）ということですが，正直言いまして，私にとって解説が一番難しいところです。
　語順は，意味のまとまりを作るものをどの順序で並べるかということですが，動詞の位置などの基本的な規則ではなく，語感に基づく難しい問題も出題されます。

　前半の，「ひねった」出題にせよ，後半の，語感に基づく解説の難しい出題にせよ，基本的な知識は不可欠ですし，また，基本的な知識がしっかりしていれば，それなりに解答できるように工夫されています。やはり「基本的なことを着実にしっかり学ぶ」ということが一番の対策ですね。

第1週 1日目

1日目-A 複数形の作り方

月　　日

対策問題　名詞の複数形の作り方が他の三つと異なる単語を下の1～4のうちから一つ選び，その番号を解答欄に記入しなさい。

1　die Zeitschrift　　2　das Bett
3　der Schuh　　　　4　die Forschung

解答欄　□

確認ポイント

- 複数形は，**6タイプ**ある。
- 単数形の母音を**ウムラウト**させるものもある。
- **外来語**には，特殊な複数形を作る単語が多くある。

解説と解答

出題された名詞の複数形は，以下のようになります。

die	Zeitschrift	雑誌	—	Zeitschrift**en**
das	Bett	ベッド	—	Bett**en**
der	Schuh	靴	—	Schuh**e**
die	Forschung	研究	—	Forschung**en**

…schrift（たとえばZeitschrift）と …ung（たとえばForschung）で終わる女性名詞の複数形語尾は -en。したがって，悩むとすると，BettとSchuhですね？
正解は 3。

複数形は，6タイプもあるため，一つひとつの単語を「愚直に」覚えるのが，結局は最善の道です（-nタイプと -enタイプを -[e]nタイプにまとめて5タイプとする文法書もあります）。
なお，複数形の6タイプを使用頻度で並べると，以下のようになります：
① -eタイプ（上例 Schuh）
② -nタイプと -enタイプ（上例 Zeitschrift と Forschung）
③ -erタイプと語尾を付けないタイプ
④ -sタイプ

対策学習 ……………… 複数形 ………………

1. **複数形の作り方**には，以下のような6つのタイプがあります。したがって，それぞれの名詞が，複数形を作るとき，**どのタイプに属するか**を押さえることが重要になります（別冊を参照）。なお，右側の単語は，複数形でウムラウトするものです。

	単数形		複数形	単数形		複数形
①単複同形	Fehler	間違い	**Fehler**	Vogel	鳥	**Vögel**
②語尾 -e	Problem	問題	**Probleme**	Hand	手	**Hände**
③語尾 -er	Bild	絵	**Bilder**	Buch	本	**Bücher**
④語尾 -en	Form	形	**Formen**			
⑤語尾 -n	Frage	質問	**Fragen**			
⑥語尾 -s	Auto	自動車	**Autos**			

2. 複数形を作る語尾が同じでも，ウムラウトするものとしないものとがあります。したがって，それぞれの名詞が，複数形を作るとき，**ウムラウトするかしないか**をしっかり押さえることも重要になります。なお，ウムラウトする複数形があるのは，上表の，単複同形のタイプと語尾 -e を付けるタイプと -er を付けるタイプの3つのみです。

3. 定冠詞 die は，女性名詞の単数形にも，複数形にも付けます。このことを利用して，定冠詞 die を付けた名詞を並べ，後ろの名詞が**女性名詞の単数形なのか，複数形なのか**を問う出題もあります。したがって，**die** を伴う名詞には，以下の3つのタイプがあることをしっかり頭に入れておいてください。

　　die Mauer　＝　「壁」という意味の，女性名詞の単数形（複数形 die Mau-er**n**）

　　die Löffel　＝　男性名詞 Löffel「スプーン」の複数形（語尾を付けない単複同形）

　　die Ferien　＝　「(学校の)休暇」という意味の，そもそもが複数形の名詞

注 単数形と複数形の場合で，アクセントの位置が異なることがあります。たとえば，Professor［プロフェッソア］「教授」→ Professor**en**［プロフェソーレン］，Doktor［ドクトア］「博士」→ Doktor**en**［ドクトーレン］。一度，出題対象になりましたが，この種の名詞は，それほど多くありませんので，これら二つをしっかり覚えておいてください。

実戦トレーニング

I．次の (1)〜(8) について，複数形の作り方が他の三つと異なる単語を 1〜4 のうちから一つ選び，その番号を丸で囲みなさい。

(1)　1　die Frau　　2　der Präsident　3　der Stift　　4　das Ohr
　　　　　　　　　　　　　　　　　　　　　　　　　　　　　　　（2011 年春）
(2)　1　das Rätsel　2　der Weg　　　3　der Monat　4　der Brief
(3)　1　der Arzt　　2　das Ei　　　　3　der Lohn　　4　der Traum
(4)　1　die Bäckerei　2　der Ball　　3　der Polizist　4　die Wohnung
(5)　1　der Onkel　　2　das Zimmer　3　das Kissen　4　der Zwilling
(6)　1　das Dach　　2　der Gott　　3　der Arm　　4　das Volk
(7)　1　das Lokal　　2　der Zoo　　3　das Hotel　　4　das Sofa
(8)　1　der Bruder　2　der Vogel　　3　die Nacht　　4　die Mutter

II．次の (1)〜(3) について，<u>左右の単語の複数形の作り方が異なる組</u>を 1〜4 のうちから一つ選び，その番号を丸で囲みなさい。

(1)　1　Dorf　—　Glas　　　2　Staat　—　Wohnung
　　　3　Hund　—　Insel　　4　Platz　—　Stadt
(2)　1　Weg　—　Tag　　　　2　Bein　—　Ohr
　　　3　Stuhl　—　Schrank　4　Forschung　—　Gesellschaft
(3)　1　Fall　—　Grund　　　2　Uhr　—　Wohnung
　　　3　Zimmer　—　Fenster　4　Auge　—　Haar

III．次の (1)(2) について，単数形の名詞を 1〜4 のうちから一つ選び，その番号を丸で囲みなさい。

(1)　1　die Eltern　　　　　　2　die Art
　　　3　die Wagen　　　　　　4　die Alpen
(2)　1　die Messer　　　　　　2　die Kosten
　　　3　die Lebensmittel　　　4　die Gabel

1日目-B 三基本形の作り方

第1週 1日目

対策問題
不定形―過去基本形―過去分詞の語幹の母音の変化が werfen（werfen - warf - geworfen）と同じになる動詞を下の1〜4のうちから一つ選び，その番号を解答欄に記入しなさい。

1 essen　　2 denken　　3 helfen　　4 leben

解答欄 □

確認ポイント

- □ 規則変化動詞の三基本形は，語幹の母音（幹母音）が変わることがない。
- □ 規則変化の過去分詞は，ge-＋語幹＋-t の形が基本になる。
- □ 不規則変化動詞の三基本形は，幹母音が変わる。
- □ 不規則変化動詞の過去分詞は，ge-＋語幹＋-en の形が基本になる。

解説と解答

werfen「投げる」の三基本形の幹母音のみを並べると，e-a-o になりますね。選択肢の動詞の三基本形および幹母音の変化は，以下のようになります。

　　　　　　　　　　　　　　　　　　　　　　　　幹母音の変化
essen　食べる　―　aß　　　―　gegessen　　e―a―e
denken　考える　―　dachte　―　gedacht　　e―a―a
helfen　助ける　―　half　　―　geholfen　　e―a―o
leben　暮らす　―　lebte　　―　gelebt　　　e―e―e（規則変化動詞）

したがって，正解は 3。

なお，denken は，規則動詞と不規則動詞の特殊な規則変化タイプ。leben は規則変化動詞です。

不規則変化動詞の語幹の変わり方にはいくつかのパターンがありますが，どの動詞がどのパターンになるのかは，覚える以外に方法がないのです。「愚直に」学びましょう！ 別冊を参照。

対策学習　三基本形の作り方

1. 規則変化動詞と不規則変化動詞の区別は，① 幹母音の変化，② 接頭辞と接尾辞の付け方に基づくものです。たとえば，規則変化動詞の場合，下の kaufen「買う」のように，語幹は -au- のままで，また過去基本形が語幹＋-te，過去分詞が ge-＋語幹＋-t という形になります。

    不定詞　kauf-en　　過去基本形　kauf-te　　過去分詞　ge-kauf-t

    他方，不規則変化動詞の場合は，下の kommen「来る」のように，幹母音が o-a-o と変化し，また過去基本形が語幹のみで，過去分詞が ge-＋語幹＋-en という形になります。

    不定詞　komm-en　　過去基本形　kam　　過去分詞　ge-komm-en

2. 不規則変化動詞は，幹母音の変わり方に基づいて，いくつかのタイプに分けることができます。すなわち，不規則変化動詞といっても，同じタイプに属するものもあれば異なるタイプに属するものもあるわけです（別冊を参照）。

3. 非分離動詞の過去分詞は，接頭辞 ge- が付きません。そのため，vergessen「忘れる」のように，不定詞（不定形）と過去分詞の母音が同じ不規則変化動詞の場合，接尾辞が -en なので，不定詞と過去分詞がまったく同じになってしまいます。

    vergessen（不定詞）　→　vergessen（過去分詞）

4. たとえば，下の denken「考える」のように，規則変化動詞と同じ接頭辞・接尾辞を付ける一方，不規則変化動詞のように，幹母音を変化させる特殊な変化タイプがあります。この種の動詞は，出題を複雑にするために，選択肢の一つに取り入れられることが多いので，しっかり押さえておきましょう。

    不定詞　denk-en　　過去基本形　dach-te　　過去分詞　ge-dach-t

    注　現在人称変化でよく，fahren のように du/er のところで不規則に変化する動詞を不規則変化動詞と呼びますが，規則変化動詞と不規則変化動詞の区別は，過去形と過去分詞の作り方を基準にして区別されるのです。

実戦トレーニング

Ⅰ．次の (1) (2) について，過去分詞にした時に -en で終わる動詞を 1〜4 のうちから一つ選び，その番号を丸で囲みなさい。

(1)　1　vorstellen　　2　nachdenken　3　verstehen　　4　zusagen
(2010 年秋)

(2)　1　erreichen　　2　anfangen　　3　wissen　　　4　vorbereiten

Ⅱ．次の (1)〜(9) について，三基本形の幹母音の変化が，青字で示されたタイプと同じものを 1〜4 のうちから一つ選び，その番号を丸で囲みなさい。

(1)　**ei—ie—ie** タイプ
　　1　heißen　　　2　streiten　　3　bleiben　　　4　reiten
(2)　**ei—i—i** タイプ
　　1　beißen　　　2　zeigen　　　3　schweigen　　4　heißen
(3)　**ie—o*—o*** タイプ　　　　　　　　　　　　　　　　　　　＊短母音
　　1　spielen　　　2　liegen　　　3　liefern　　　4　fließen
(4)　**ie—o*—o*** タイプ　　　　　　　　　　　　　　　　　　　＊長母音
　　1　mieten　　　2　siegen　　　3　biegen　　　4　alarmieren
(5)　**i—a—u** タイプ
　　1　bitten　　　　2　bringen　　3　mischen　　4　finden
(6)　**i—a*—o** タイプ　　　　　　　　　　　　　　　　　　　＊短母音
　　1　schwimmen　2　trinken　　3　sitzen　　　　4　bilden
(7)　**e—a*—o** タイプ　　　　　　　　　　　　　　　　　　　＊長母音
　　1　denken　　　2　sprechen　　3　geben　　　4　essen
(8)　**e—a—e** タイプ
　　1　lesen　　　　2　treffen　　　3　kennen　　　4　fehlen
(9)　**a—u—a** タイプ
　　1　lassen　　　　2　fahren　　　3　fallen　　　4　halten

Ⅲ．次の (1) (2) について，不定詞と過去分詞が同形の動詞を 1〜4 のうちから一つ選び，その番号を丸で囲みなさい。

(1)　1　begreifen　　2　beginnen　　3　bekommen　　4　benutzen
(2)　1　erwarten　　　2　erfahren　　3　erleben　　　4　erscheinen

第 1 週 2 日目

2日目 2格語尾，比較変化形，派生名詞など

月　　日

対策問題　次の (1)〜(3) の条件に当てはまるものを下の 1〜4 のうちから一つ選び，その番号を解答欄に記入しなさい。

(1) 2格のときに語尾が -es となる名詞。
　1　Herz　　　2　Tourist　　　3　Satz　　　4　Kamerad

(2) kurz — kürzer のような母音変化を起こさないで比較級を作る形容詞。
　1　dumm　　　2　dunkel　　　3　jung　　　4　klug

(3) 名詞に書き換えた場合，語尾が -keit となる語。
　1　schwierig　　2　frei　　　3　krank　　　4　wahr

解答欄 (1) ☐　(2) ☐　(3) ☐

確認ポイント

- 一部の名詞は，特殊な格変化をする。
- 形容詞の比較変化形には，母音変化を起こすものがある。
- 形容詞・動詞（語幹）に接辞を付けて派生名詞を作ることがある。

解説と解答

(1) の条件は2格語尾が -es となる名詞。2格形: des Herz**ens**, des Tourist**en**, des Satz**es**, des Kamerad**en**。したがって，正解は **3**。なお，意味は「心臓」，「旅行者」，「文」，「同僚」。

(2) の条件は比較級の作り方。比較級: d**ü**mmer, d**u**nkler, j**ü**nger, kl**ü**ger。したがって，正解は **2**。なお，意味は「愚かな」，「暗い」，「若い」，「賢い」。

(3) の条件は派生名詞の作り方。派生形: Schwierig**keit**「困難」, Frei**heit**「自由」, Krank**heit**「病気」, Wahr**heit**「真実」。したがって，正解は **1**。なお，形容詞の意味は「難しい」，「自由な」，「病気の」，「真実の」。

これらは，毎回出題される定番ではありませんが，派生形は，語彙力を合理的に増やすのに役立ちます。

対策学習　2格語尾，比較変化形，派生名詞など

☆以下の説明には，『新・独検合格 単語＋熟語1800』に記載されている単語のみを用いておりますので，語彙力の確認という意味も含めて学習してください。

1. 格変化の特殊な名詞，特に男性弱変化名詞

特殊な格変化をする名詞の代表格は，男性弱変化名詞です。単数2格・3格・4格および複数形のすべてで -en あるいは -n を付けます。

　　例：Student「大学生」の格変化

単数1格	der Student	単数2格	des Student**en**
単数3格	dem Student**en**	単数4格	den Student**en**
複数1格	die Student**en**		

〈-en を付けるタイプ〉（右側は2格形，3格形，4格形，複数形）

☐ Komponist	作曲家	Komponist**en** ☐
☐ Mensch	人	Mensch**en** ☐
☐ Patient	患者	Patient**en** ☐
☐ Philosoph	哲学者	Philosoph**en** ☐
☐ Polizist	政治家	Polizist**en** ☐
☐ Tourist	旅行者	Tourist**en** ☐

〈-n を付けるタイプ〉（右側は2格形，3格形，4格形，複数形）

☐ Franzose	フランス人	Franzose**n** ☐
☐ Kollege	同僚	Kollege**n** ☐
☐ Kunde	顧客	Kunde**n** ☐
☐ Neffe	甥（おい）	Neffe**n** ☐
☐ Junge	男の子	Junge**n** ☐
☐ Nachbar	隣人	Nachbar**n** ☐

注1 以下の名詞は，さらに特殊な格変化をします。

Gedanke	考え	単2 Gedanke**ns**	単3 Gedanke**n**	単4 Gedanke**n**	複数 Gedanke**n**
Name	名前	単2 Name**ns**	単3 Name**n**	単4 Name**n**	複数 Name**n**
Herr	男性	単2 Herr**n**	単3 Herr**n**	単4 Herr**n**	複数 Herr**en**

注2 中性名詞 Herz「心臓」の格変化：単2 Herz**ens**，単3 Herz**en**，単4 Herz，複数 Herz**en**。

2. 形容詞の比較変化形

形容詞の比較変化形には，母音変化を起こすもの (a → ä, o → ö, u → ü) と起こさないものがあります．以下，比較変化形が母音変化する形容詞を挙げます．

2.1 母音変化を起こすもの

		比較級	最高級
☐ alt	年老いた	☐ älter	☐ ältest
☐ arm	貧しい	☐ ärmer	☐ ärmst
☐ dumm	ばかな	☐ dümmer	☐ dümmst
☐ groß	大きい	☐ größer	☐ größt
☐ hart	かたい；厳しい	☐ härter	☐ härtest
☐ hoch	(高さが) 高い	☐ höher	☐ höchst
☐ jung	若い	☐ jünger	☐ jüngst
☐ kalt	冷たい；寒い	☐ kälter	☐ kältest
☐ klug	頭のよい	☐ klüger	☐ klügst
☐ kurz	短い	☐ kürzer	☐ kürzest
☐ lang	長い	☐ länger	☐ längst
☐ nah	近い	☐ näher	☐ nächst
☐ scharf	鋭い	☐ schärfer	☐ schärfst
☐ schwach	弱い	☐ schwächer	☐ schwächst
☐ stark	強い	☐ stärker	☐ stärkst
☐ warm	暖かい；温かい	☐ wärmer	☐ wärmst

注 gesund「健康な」もふつう母音変化します：gesünder, gesündest．

2.2 母音変化しないもの

☐ dunkel	暗い	☐ laut	(音が) 大きい
☐ falsch	間違った	☐ offen	開いている
☐ faul	腐った；怠け者の	☐ ruhig	静かな
☐ froh	喜びに満ちた	☐ schlank	すらりとした
☐ furchtbar	恐ろしい	☐ schmutzig	汚れた
☐ klar	澄んだ；明らかな	☐ trocken	乾いた
☐ langweilig	退屈な	☐ zart	きゃしゃな

注 以下のものはふつう母音変化しませんが，母音変化の別形もあります：blass (blässer, blässest)「(顔色などが) 青ざめた」，nass (nässer, nässest)「ぬれた」，schmal (schmäler, schmälst)「幅の狭い」．

3. 接辞，接頭辞，接尾辞，派生語など

既存の単語の前や後ろに付けて新しい単語を作るものを接辞 (せつじ) と言います。たとえば，suchen「探す」に接辞 be- を付けると，besuchen「訪ねる」という別の語ができます。また，besuchen の語幹 besuch の後ろに接辞 -er を付けると Besucher「訪問客」という名詞ができます。

be- のように前に付ける接辞を接頭辞，-er のように後ろに付ける接辞を接尾辞，接辞を付けて作る語を派生語と呼びます。

3.1 形容詞から名詞を作る接尾辞

形容詞から名詞を作る接尾辞に -heit と -keit があります。どちらの接尾辞を用いるかという出題がありました。

a) **-heit** を付ける形容詞

☐ beliebt	好かれている	→	☐ Beliebt**heit**	人気
☐ frei	自由な	→	☐ Frei**heit**	自由
☐ gesund	健康な	→	☐ Gesund**heit**	健康
☐ klug	賢い	→	☐ Klug**heit**	賢さ
☐ krank	病気の	→	☐ Krank**heit**	病気
☐ vergangen	過ぎ去った	→	☐ Vergangen**heit**	過去
☐ wahr	真実の	→	☐ Wahr**heit**	真実

b) **-keit** を付ける形容詞

☐ abhängig	従属した	→	☐ Abhängig**keit**	従属
☐ bequemlich	快適な	→	☐ Bequemlich**keit**	快適さ
☐ fähig	能力のある	→	☐ Fähig**keit**	能力
☐ gemeinsam	共通の	→	☐ Gemeinsam**keit**	共通性
☐ schwierig	難しい	→	☐ Schwierig**keit**	難しさ
☐ sehenswürdig	見る価値のある	→	☐ Sehenswürdig**keit**en	名所（複数形）

3.2 動詞の語幹から作られる名詞

語幹に **-er** を付けると，「…する人（もの）」という意味の名詞を作る動詞があります。これには，語幹が母音変化を起こすものと起こさないものがあります。派生形の名詞が母音変化を起こしたものかどうかを問う出題がありました。

a) 母音変化を起こすもの

☐ backen	（パンなどを）焼く	→	☐ Bäck**er**	パン屋
☐ laufen	走る	→	☐ Läuf**er**	走者
☐ verkaufen	売る	→	☐ Verkäuf**er**	店員

b) 母音変化を起こさないもの

☐ arbeiten	働く	→	☐ Arbeit**er**	労働者
☐ besuchen	訪問する	→	☐ Besuch**er**	訪問者
☐ fahren	（車などを）運転する	→	☐ Fahr**er**	運転者
☐ malen	描く	→	☐ Mal**er**	画家
☐ zuschauen	（関心を持って）見る	→	☐ Zuschau**er**	観客

■参考■

☐ lehren	教える	→	☐ Lehr**er**	教師
☐ leiten	指導する	→	☐ Leit**er**	指導者
☐ teilnehmen	参加する	→	☐ Teilnehm**er**	参加者
☐ wecken	起こす	→	☐ Weck**er**	目覚まし時計

3.3 女性形の作り方

接尾辞 **-in** を付けて，女性形を作ることができます。女性形の基になる男性形を問う出題がありました。

男性形		女性形	
☐ ein Arzt	医者	☐ eine Ärzt**in**	女医
☐ ein Fotograf	写真家	☐ eine Fotograf**in**	女性写真家
☐ ein Freund	友人	☐ eine Freund**in**	女性の友人；ガールフレンド
☐ ein Japaner	日本人	☐ eine Japaner**in**	日本女性
☐ ein Kellner	ウエーター	☐ eine Kellner**in**	ウエイトレス
☐ ein Lehrer	教師	☐ eine Lehrer**in**	女性教師
☐ ein Schüler	生徒	☐ eine Schüler**in**	女子生徒
☐ ein Student	大学生	☐ eine Student**in**	女子学生

以下の名詞は，女性形が少し特殊です。

☐ ein Cousin	男のいとこ	☐ eine Cous**ine**	女のいとこ
☐ ein Franzose	フランス人	☐ eine Französ**in**	フランス女性
☐ ein Kaufmann	商人	☐ eine Kauf**frau**	女性商人

実戦トレーニング

Ⅰ．次の (1)(2) について，2格のときに語尾が -es となる名詞を 1～4 のうちから一つ選び，その番号を丸で囲みなさい。

(1)　1　der Arzt　　　　　　　　2　der Prinz
　　 3　der Polizist　　　　　　 4　der Student　　　　（2012年秋）
(2)　1　der Mensch　　　　　　　2　der Komponist
　　 3　der Philosoph　　　　　　4　der Reflex

Ⅱ．次の (1)～(3) について，比較級を作る場合に，kurz — kürzer のように母音変化を起こさない形容詞を 1～4 のうちから一つ選び，その番号を丸で囲みなさい。

(1)　1　alt　　　　2　falsch　　　3　nah　　　　4　hart
(2)　1　warm　　　 2　hoch　　　　3　bunt　　　 4　schwach
(3)　1　oft　　　　2　groß　　　　3　arm　　　　4　schmutzig

Ⅲ．次の (1)～(4) の条件に当てはまるものを 1～4 のうちから一つ選び，その番号を丸で囲みなさい。

(1) 名詞に書き換えた場合，語尾が -keit となる語。
　　 1　beliebt　　　　　　　　　2　gesund
　　 3　gemeinsam　　　　　　　　4　klug
(2) 名詞に書き換えた場合，語尾が -heit となる語。
　　 1　abhängig　　　　　　　　 2　vergangen
　　 3　fähig　　　　　　　　　　4　sehenswürdig
(3) 動詞の語幹と -er を組み合わせて人を表す名詞を作る場合，verkaufen — Verkäufer のように母音が変化する動詞。
　　 1　laufen　　　　　　　　　 2　zuschauen
　　 3　rauchen　　　　　　　　　4　arbeiten
(4) eine Japanerin → ein Japaner のように男性形を示す形が r で終わる単語。
　　 1　eine Ärztin　　　　　　　2　eine Kellnerin
　　 3　eine Fotografin　　　　　4　eine Kauffrau

3日目 意味のまとまり

第1週 3日目

月　　　日

対策問題　意味のまとまりに即して区切って読む場合，最も適切なものを下の 1～4 のうちから一つ選び，その番号を解答欄に記入しなさい。なお，「/」は区切りを示します。

1　Wenn　/ ich mehr / Geld hätte, / würde / ich / jedes Jahr / nach Deutschland fliegen.

2　Wenn　/ ich mehr / Geld hätte, / würde / ich / jedes Jahr nach Deutschland / fliegen.

3　Wenn　/ ich / mehr Geld hätte, / würde / ich / jedes Jahr nach Deutschland / fliegen.

4　Wenn　/ ich / mehr Geld hätte, / würde / ich / jedes Jahr / nach Deutschland fliegen.

解答欄　□

確認ポイント

- □ 単語と単語の意味的結びつきには，強いものと弱いものがある。
- □ 意味のまとまりを作る単語は，意味的に結びつきの強い単語である。

解説と解答

　まず，区切り方で問題になっているのが *ich* mehr / **Geld** *hätte* か *ich* / mehr **Geld** *hätte* かです。mehr は Geld と一番強く結びつくので，選択肢 1 と 2 は，正解から外れます。

　次に，jedes Jahr / **nach Deutschland** *fliegen* か jedes Jahr nach Deutschland / *fliegen* かです。nach Deutschland は，fliegen と一番強く結びつくので，選択肢 2 と 3 は，正解から外れます。したがって，正解は **4**。訳は「私は，もっとお金を持っていたら，毎年ドイツに行くのだが」。

意味のまとまりに基づいて区切り（ポーズ）を置く箇所は，基本的に日本語の場合と同一ですので，まず，日本語に訳し，日本語としてどこに区切りを入れるのかを考えるのが一番よい対策と言えます。

対策学習　意味のまとまり

☆文では，まず，単語と単語が結びつき，「意味のまとまり」を作ります。たとえば「私はその本を買った」という文は，「私は／その本を／買った」という「意味のまとまり」から出来ていますね。

どの単語とどの単語が意味のまとまりを作っているかがこの出題のポイントです。ただし，「意味のまとまり」のすべて知ることは不可能ですので，区切るべきところよりも，区切っては間違いになるところを学ぶ方が合理的です。したがって，以下，区切っては間違いになるところにポイントを絞って示します。

1. 熟語は，単語が集まって一つの意味を表しますので，区切りの対象になりません。前置詞を含む熟語は36頁を参照。

- ❏ das heißt　　　　　　　　　　　　　　　　　　すなわち ❏
- ❏ ein bisschen　　　　　　　　　　　　　　　　　　少し ❏
- ❏ ein paar　　　　　　　　　　　　　　　　　　　二三の ❏
- ❏ noch einmal　　　　　　　　　　　　　　　　　もう一度 ❏
- ❏ nach wie vor　　　　　　　　　　　　　　　　相変わらず ❏
- ❏ nicht unbedingt　　　　　　　　　　　　　　必ずしも…ない ❏
- ❏ so etwas　　　　　　　　　　　　　　　　　そういうこと ❏
- ❏ wie immer　　　　　　　　　　　　　　　　いつものように ❏
- ❏ zum Beispiel　　　　　　　　　　　　　　　　たとえば ❏

　注　前置詞句は，熟語に限らず，常に名詞と一緒に，一つの意味のまとまりを作ります。

2. 名詞を修飾する形容詞（青字太字体）および形容詞や動詞を修飾する副詞（青字太字体）は，修飾する語（太字イタリック体）と強く結びつきますので，区切りの対象になりません。

- ❏ Ich brauche **mehr** *Geld*.　　私はもっと多くのお金を必要としています ❏
- ❏ Das war am Anfang **sehr** *leicht*.　　それははじめとても簡単でした ❏
- ❏ Das hat ihn **sehr** *erfreut*.　　それは彼をとても喜ばせました ❏

　注　他の名詞を修飾する2格名詞句も，区切りの対象になりません。
　　　Das ist *das Auto* **des Lehrers**.
　　　　それは先生の車です。

3. 否定を表す **nicht** は，否定する語句と強く結びつきますので，区切りの対象になりません。

❑ Das wird er sein Leben lang **nicht vergessen**.

それを彼は一生涯忘れないでしょう ❑

❑ Willst du dir **nicht die Stadt anschauen**?

君は町を見物するつもりはないですか？ ❑

❑ Bei Rot darf man **nicht über die Straße gehen**.

赤信号の時道路を横断してはいけません ❑

4. 目的語（前置詞の付かないものも付くものも）および方向の副詞句は，他の語句よりも，動詞との結びつきが強いので，ふつう区切りの対象になりません。

〈目的語〉

❑ Er hat **im Kaufhaus** / **eine Hose** gekauft.

彼はデパートでズボンを買いました ❑

❑ Er hat **vor dem Kaufhaus** / **auf sie** gewartet.

彼はデパートの前で彼女を待っていました ❑

> 注 目的語をとる形容詞の場合も，目的語と形容詞は，一つの意味のかたまりを作ります。
>
> Ich bin *immer* / **mit dir** *zufrieden*.
>
> 私はいつも君には満足しています。

〈方向の副詞句〉

❑ Er ist **gestern** / **nach Tokyo** gefahren.　　彼は昨日東京に行きました ❑

❑ Er ist **mit dem Fahrrad** / **zur Universität** gefahren.

彼は自転車で大学に行きました ❑

> 注 対策問題で出された，**jedes Jahr** / **nach Deutschland** *fliegen* か **jedes Jahr** nach Deutschland / *fliegen* かの場合，nach Deutschland は，fliegen と一番強く結びついて，意味のまとまりを作ると述べましたが，「毎年・ドイツへ」と「ドイツに・行く」を較べれば，後者の方の結びつきが強いのは自明ですね。

5. 関係文の<u>関係代名詞</u>は，先行詞の文とも，また関係文の他の語句とも，区切ります。

☐ Er hat das Hemd, / **das** / er gestern gekauft hatte, umgetauscht.
　　　　　　　　　　　　彼は昨日買ったシャツを取り替えてもらいました ☐

☐ Der Sport, / **für den** / er sich am meisten interessiert, ist Fußball.
　　　　　　　　　　彼が最も興味を持っているスポーツはサッカーです ☐

　注 関係詞は，前後を区切るのが常に正解になっています。

6. <u>文を修飾する副詞</u>（たとえば ohne Zweifel「疑いもなく」，zum Glück「幸運にも」）は，文との間に区切りを入れます。

☐ **Ohne Zweifel** / hat uns seine Durchschlagskraft gefehlt.
　　　　　　　　明らかに私たちには彼のような説得力が欠けていました ☐

☐ **Zum Glück** / wurde bei dem Unfall niemand verletzt.
　　　　　　　　幸運にもその事故の際誰も怪我をしませんでした ☐

7. 比較の対象を表す **als** 句あるいは **wie** 句は，区切ります。

☐ Ich habe jetzt weniger Zeit / **als vorher**.
　　　　　　　　　　　　私は今，以前よりも時間がありません ☐

☐ Anke ist nicht so freundlich / **wie Renate**.
　　　　　　　　　　　アンケはレナーテほど親切ではありません ☐

コラム

　私の子供がある時「おじさんがキタナイ」と言ったので，何のことかと思いましたら，「来なかった」ということを言いたかったようです。子供は，まず「来る」から「キタ（来た）」という過去形を作り，それに否定の「ナイ（ない）」を付けたのですね。また，ある時は「蝶々がフタヒキ」と言っていました。動物を数える場合，「一匹，二匹，三匹…」と，「イチ，ニッ，サン…」の数詞を付けるのですが，子供は「ヒトツ，フタツ，ミッツ…」の数詞を付けたのですね。すなわち子供たちも，日々の生活で，聞いた表現をただ暗記しているだけではなく，自分で語句の組み合せ（文法）を抽出しながら学んでいるわけです。しかし，生まれたときから自然に身につけるか，大きくなってから覚えるか — やはり差は大きいですね。

実戦トレーニング

次の (1)〜(5) について，意味のまとまりに即して区切って読む場合，最も適切なものを下の 1〜4 のうちから一つ選び，その番号を丸で囲みなさい。なお，「/」は区切りを示します。

(1) 1　Ohne Zweifel / ist die Regierung der Bevölkerung / eine Erklärung / schuldig.
　　2　Ohne Zweifel / ist die Regierung / der Bevölkerung / eine Erklärung / schuldig.
　　3　Ohne Zweifel / ist die Regierung der Bevölkerung / eine Erklärung schuldig.
　　4　Ohne Zweifel / ist die Regierung / der Bevölkerung / eine Erklärung schuldig.

(2012 年春)

(2) 1　Du brauchst nicht / unbedingt noch einmal / dieses Buch zu lesen.
　　2　Du brauchst / nicht unbedingt noch / einmal dieses Buch zu lesen.
　　3　Du brauchst / nicht unbedingt noch einmal / dieses Buch zu lesen.
　　4　Du brauchst nicht / unbedingt noch / einmal dieses Buch zu lesen.

(2011 年春)

(3) 1　Zum Glück / ist das Geld / im Tresor nicht / gestohlen worden.
　　2　Zum Glück / ist das Geld im Tresor / nicht gestohlen worden.
　　3　Zum Glück / ist das Geld / im Tresor nicht gestohlen worden.
　　4　Zum Glück / ist das Geld im Tresor nicht / gestohlen worden.

(4) 1　Anke / hat / für die gleiche CD / zehn Euro mehr bezahlt als / ich.
　　2　Anke / hat / für die gleiche CD zehn Euro / mehr bezahlt als / ich.
　　3　Anke / hat / für die gleiche CD zehn Euro / mehr bezahlt / als ich.
　　4　Anke / hat / für die gleiche CD / zehn Euro mehr bezahlt / als ich.

(5) 1　Die alte Frau / ging mit ihrem kleinen Hund / spazieren wie immer.
　　2　Die alte Frau / ging / mit ihrem kleinen Hund spazieren wie / immer.
　　3　Die alte Frau / ging mit / ihrem kleinen Hund / spazieren wie immer.
　　4　Die alte Frau / ging / mit ihrem kleinen Hund spazieren / wie immer.

第 1 週 4 日目

4日目 語句の配列（語順）

月　　日

> **対策問題**　次の会話の空欄に入れるのに最も適切なものを下の1～4のうちから一つ選び，その番号を解答欄に記入しなさい。
>
> A:　Hast du noch Durst, Frank?
> B:　Ja. (　　).
>
> 1　Kannst du bitte mir ein Glas noch bringen?
> 2　Kannst du mir bitte ein Glas noch bringen?
> 3　Kannst du bitte noch ein Glas mir bringen?
> 4　Kannst du mir bitte noch ein Glas bringen?
>
> 解答欄　□

確認ポイント

- 語順に関する基本的規則（たとえば定形の動詞の位置）を確認する。
- 修飾する単語（語句）は，修飾される語（語句）の前に置く。
- 短い語句は，長い語句の前に置く。

解説と解答

　まず，単語（語句）の修飾関係です。nochは，名詞句 ein Glas を修飾し，「もう（一杯）」という意味を表しますので，ein Glas の前に。したがって，そうなっていない選択肢1と2は不適切。次に，単語（語句）の長さ。主語と話法の助動詞と文末の本動詞を除いた単語（語句）は，mir「私に」＜bitte「どうぞ」＜ein Glas「一杯」の順。したがって，bitte＞mirとなっている選択肢1とein Glas＞mirとなっている選択肢3も不適切。残るのは選択肢4。したがって，正解は4。訳は，「まだのどが渇いている？―うん，もう一杯持って来てくれるかい？」。

語順に関しても，すべてのことを具体的に説明することは不可能です。したがって，この場合も，「意味のまとまり」と同じように，正しい語順かどうかを確認するよりも，語順的に適切でないものを外していくのが一番いいと思います。

対策学習 ・・・・・・・・・・ **語句の配列（語順）** ・・・・・・・・・・・・・・・・・

☆対策的に語順の主なポイントを説明してみます。

1. 第1点は，**修飾する語は修飾される語の前に置く**というものです。修飾する語として2級では，特に副詞が出題されます。たとえば副詞 sehr は形容詞，副詞，動詞を修飾し，それらの前に置かれます。

☐ Der Film hat mir **sehr gut** gefallen.
　　　　　　　　　　　　　私はその映画が非常に気に入りました ☐
☐ Es hat mich **sehr gefreut**.　私はそのことがとても嬉しかったです ☐

また，熟語的な強いまとまりをなすものもあります。主なものをいくつか挙げてみます。

① **gar**＋否定詞「まったく…ない」（否定の強め）
☐ Er hat **gar keine** Zeit.　　　彼は全く時間がありません ☐
☐ Das ist **gar nicht** wahr.　　それは全く真実ではありません ☐

② **noch**＋比較級「ずっと…」（比較級の強め）
☐ Es ist heute **noch kälter** als gestern.
　　　　　　　　　　　　　きょうは昨日よりもずっと寒いです ☐

2. 第2点は，少し難しいかも知れませんが，**未知の語句は既知の語句よりも後ろに置く**というものです。この規則が最もはっきりするのが3格と4格の名詞が並んで現れる場合です。

　両者が並ぶ場合，3格→4格という語順が基本なのですが，4格が**定冠詞**（既知；「その…」）を伴い，3格が**不定冠詞**（未知；「ある…」）を伴う場合のみ，**4格→3格**という語順が可能になります。

〈基本の語順：**3格 → 4格**〉
☐ Er schenkt **dem Freund** *das Bild* 〈*ein Bild*〉.
　　　　　　　　　　　彼はその友人にその絵〈ある絵〉を贈ります ☐

〈4格が定冠詞，3格が不定冠詞を伴う場合：**4格 → 3格**〉
☐ Er schenkt *das Buch* **einem Freund**.　彼はその本をある友人に贈ります ☐

3. 第3点は，短い語句は長い語句よりも前に置くというものです。たとえば，単語として短い人称代名詞や再帰代名詞は，できる限り前に置くのです。

〈人称代名詞（3格）〉

❑ Geben Sie **ihm** *dieses Medikament dreimal am Tag*!
　　　　　　　　　　　　　　彼にこの薬を一日3回飲ませてください！　❑

> 注　人称代名詞の主語と並ぶ場合，主語の方が前に置かれます。

〈人称代名詞（4格）〉

❑ Geben Sie **es** *Ihrem Sohn dreimal am Tag*!
　　　　　　　　　　　　　それを息子さんに一日3回飲ませてください！　❑

> 注　両者ともが名詞の場合は，3格→4格になります。
> Geben Sie **Ihrem Sohn** dieses Medikament dreimal am Tag!
> 息子さんにこの薬を日に3回飲ませてください！

〈再帰代名詞〉

❑ Man muss **sich** *öfters die Zähne putzen*.
　　　　　　　　　　　　　歯は何度もみがかなければなりません　❑

> 注　再帰代名詞ではなく名詞が用いられる場合は，3格→4格になります。
> Man muss *öfters* **dem Kind** die Zähne putzen.
> 子供の歯は何度もみがいてやらなければなりません。

なお，3格と4格の人称代名詞が並列する場合は，4格→3格の語順になります。

❑ Kaufst du mir diese Kamera, Mutti? — Nein, ich kaufe **sie dir** nicht.
　僕にこのカメラを買ってくれる，ママ？ — いいえ，私はそれをあなたに買いません　❑

❑ Kaufen wir diese Kamera unserem Sohn? — Ja, wir kaufen **sie ihm**.
　このカメラを息子に買ってあげようか？ — はい，私たちはこれを彼に買ってあげます　❑

4. 第4点は，否定を表す **nicht** の位置です。文末に置かれる場合を除くと，**nicht** は，否定する語句の前に置きます。

❑ Er kann **nicht** *schwimmen*.　　　　　　彼は**泳げません**　❑
❑ Er reist morgen **nicht** *ab*.　　　　　　彼は明日**出発しません**　❑
❑ Er ist gestern **nicht** *gekommen*.　　　　彼は昨日**来ませんでした**　❑

参考（動詞が末尾にない場合）： Er ***kommt*** heute **nicht**.　彼はきょう来ません。

実戦トレーニング

次の (1)〜(4) について，会話の空欄部に入れるのに最も適切なものを 1〜4 のうちから一つ選び，その番号を丸で囲みなさい。

(1) A: Im Restaurant sah Michaela nach dem Essen sehr unzufrieden aus.
　　B: Ja. (　　).
　　1　sie hat sich dort über die schlechte Bedienung sehr geärgert
　　2　sie hat dort sich über die schlechte Bedienung sehr geärgert
　　3　sie hat sehr sich über die schlechte Bedienung dort geärgert
　　4　sie hat sich sehr dort über die schlechte Bedienung geärgert

(2010 年秋)

(2) A: Makoto, du isst doch gern Weißwurst, oder?
　　B: Oh, ja! Aber (　　).
　　1　lieber esse ich noch ja Bratwurst
　　2　lieber noch ja esse ich Bratwurst
　　3　noch esse ich ja lieber Bratwurst
　　4　noch lieber esse ich ja Bratwurst

(2011 年秋)

(3) A: Wie war deine Japanreise?
　　B: Oh, (　　).
　　1　ich habe dir es doch schon zweimal erzählt
　　2　ich habe es dir doch schon zweimal erzählt
　　3　ich habe es doch dir schon zweimal erzählt
　　4　ich habe doch es dir schon zweimal erzählt

(4) A: Seid ihr auch dieses Jahr nach Japan geflogen?
　　B: Mein Mann ist leider krank geworden, (　　).
　　1　so dass wir leider nach Japan nicht fliegen konnten
　　2　so dass wir leider nach Japan fliegen nicht konnten
　　3　so dass wir leider nicht nach Japan fliegen konnten
　　4　so dass wir nicht leider nach Japan fliegen konnten

● 句読点で遊んでみよう！●

der Inspektor	sagte	der Lehrer	ist	dumm
視学官*	言った	先生	…である	バカ

*旧制の地方教育行政官

　枠内に語句が並んでいますが，これは，学校の授業風景を視学官が視察した時に発せられた文を，句読点なしでただ並べたものです。みなさんは，自分で引用符(„…")とコロン（：）とコンマ（，）とピリオド（．）を補って文を完成させてみますか？　問題は，sagte の主語をどう考えるかです。
　一つは sagte の主語を視学官と考えた場合です。次のようになります。

　　Der Inspektor sagte: „Der Lehrer ist dumm."
　　　その視学官は『その先生はバカである』と言いました。

もう一つは sagte の主語を先生と考えた場合です。次のようになります。

　　„Der Inspektor", sagte der Lehrer, „ist dumm."
　　　『その視学官は』，その先生は言いました，『バカである』。

　上例は，視学官が言った言葉とも学校の先生が言った言葉ともとれるところが話のミソなのですが，書かれている場合，句読点がいかに大切かを示す古典的な「作り話」だそうです。
　ところで，このような句読点の問題でなく，語句の区切りが問題になる例を一つ。
　次の文は，ビキニの水着を試着してよいかを店員に尋ねる女性の言葉なのですが，みなさんは，どう区切って訳されますか？

　　Darf ich den Bikini im Schaufenster anprobieren?

　im Schaufenster の区切り方，すなわちかかり方が問題なのです。かかり方によっては「ショーウィンドウの中のビキニを試着する」とも「ショーウィンドウの中でビキニを試着する」ともとれますね。その女性は，この二つのどちらの意味で尋ねたのでしょうね。みなさん，分かりますか？

第 2 章

前置詞

> 5日目　前置詞を含む
> 　　　　動詞句と形容詞句と熟語

第2章　前置詞

《はじめに》

　大問2では，前置詞を含む動詞句，前置詞を含む形容詞句，前置詞を含む熟語が出題の対象になります。

　一番よく出題されるのが動詞句の前置詞です。すなわち，前置詞には，

　　　　Wir gehen heute **in *die*** Mensa.　　　私たちはきょう学食に行きます。
　　　　Wir essen heute **in *der*** Mensa.　　　私たちはきょう学食で食事をします。

のような具体的な用法の他に，

　　　　Er hat sich hoffnungslos **in *das*** Mädchen verliebt.
　　　　　　彼はどうしようもないほどその女子に恋してしまいました。
　　　　Der Unterschied besteht **in *der*** Methode.
　　　　　　相違はその方法論にあります。

のように，動詞と決まった言い回しを作る用法があるのです。上例は，それぞれ sich⁴ **in**+ 4格 verlieben「…⁴に惚れる」，**in**+ 3格 bestehen「…³にある」という決まった言い回しの文です。

　複雑そうでも，基本は，前置詞を含む決まった言い回しを知っているかどうかの**語彙的出題**です。慣れて来ると，このような熟語的表現の前置詞にも共通する意味が「ほのかに」感じられるようになります。（少し楽観的かな？）

第1週 5日目

5日目　前置詞を含む動詞句と形容詞句と熟語

月　　日

> **対策問題**　次の（　）の中に入れるのに適切な前置詞を下の1〜8のうちから選び，その番号を解答欄に記入しなさい。ただし，同じ前置詞を二度使ってはいけません。
>
> (1)　Das Kind ruft (　　) der Mutter.
> (2)　Er hat sich (　　) Anke geärgert.
> (3)　Sind Innen- und Außenpolitik nicht (　　) der Wirtschaft abhängig?
> (4)　Hast du schon mal (　　) Freude geweint?
>
> 　1 an　2 auf　3 mit　4 nach　5 über　6 von　7 vor　8 zu
>
> 　　解答欄　(1)　☐　　(2)　☐　　(3)　☐　　(4)　☐

確認ポイント

- 動詞あるいは形容詞がどの前置詞と結びつくかを確認する。
- カッコの後ろの名詞がどの前置詞と熟語を作るかを確認する。

解説と解答

(1) は **nach**＋3格 rufen という句，(2) は sich^4 **über**＋4格 ärgern という句，(3) は **von**＋3格 abhängig sein「…^{3}に左右される」という句。したがって，(1) の正解は **4**。訳は「子供は母親を呼びます」。(2) の正解は **5**。訳は「彼はアンケに腹を立てました」。(3) の正解は **6**。訳は「内政および外交は経済に左右されませんか？」

(4) の名詞 Freude「喜び」は，vor Freude「喜びのあまり」という前置詞句を作ります。したがって，正解は **7**。訳は「君はかつて喜びのあまり泣いたことがありますか？」

すでに書きましたが，動詞と熟語的に結びつく場合でも，ふつう前置詞の元の意味が生きているものです。勘を十分に働かせましょう。

> **対策学習　前置詞を含む動詞句と形容詞句と熟語**

☆**動詞句**，**形容詞句**，そして**熟語**で用いられる前置詞が出題対象になります。

1.　前置詞を含む動詞句

　以下のような場合は，それぞれの前置詞を「**…のために**」「**…について**」と覚えておけばよいとも言えるでしょうが，

- Sie kämpfen **für** den Frieden.　　　　彼らは平和のために戦っています
- Ich habe mich **über** ihn geärgert.　　　私は彼に腹を立てました

しかし，やはり決まった言い回しとして覚えなければならないものもあります。以下，主な事例を挙げてみます。

- sich⁴ **an** + 4格 erinnern　　　　　　　…⁴を思い出す
- Er erinnert sich oft **an** seine Mutter.
　　　　　　　　　　　　　　彼はしばしば母のことを思い出します

- sich **auf** + 4格 freuen　　　　　　　　…⁴を楽しみにしている
- Sie freuen sich schon **auf** die Ferien.　彼らはもう休暇を楽しみにしています

- **aus** + 3格 bestehen　　　　　　　　　…³からなる
- Mein Leben besteht nur **aus** Arbeit, Essen und Schlaf.
　　　　　　　　　　　　　私の人生は働き，食べ，そして眠るだけです

- sich⁴ **bei** + 3格 **für** + 4格 bedanken　…³に…⁴のことで感謝する
- Ich bedanke mich **bei** Ihnen **für** Ihre Hilfe.
　　　　　　　　　　　　　　私はあなたの手助けに感謝いたします

- **gegen** + 4格 wirken　　　　　　　　　…⁴に効く
- Die Medikamente wirken gut **gegen** Bauchschmerzen.
　　　　　　　　　　　　　　　　この薬は腹痛によく効きます

- **mit** + 3格 aufhören　　　　　　　　　…³をやめる
- Er hat ein wenig früher **mit** der Arbeit aufgehört.
　　　　　　　　　　　　彼は少し早めに仕事をするのをやめました

- **unter** + 3格 + 4格 verstehen　　　　　…³で…⁴を理解する
- **Unter** „Glück" versteht jeder etwas anderes.
　　　　　　「幸せ」という言葉の元ですべての人が異なる解釈をします

- ☐ 4格 + zu + 3格 einladen　　　　　　…4を…3に招待する ☐
- ☐ Ich habe ihn zum Essen eingeladen.　　私は彼を食事に招待しました ☐

2. 前置詞を含む形容詞句

　形容詞も，動詞 sein とともに，前置詞と結びついて一つの熟語的表現を作ります。動詞句ほど出題されませんが，主なものを挙げてみます。

- ☐ an + 3格 reich sein　　　　　　　　…3が豊富である ☐
- ☐ Die Gegend ist reich an Bodenschätzen.　この地域は地下資源が豊富です ☐
- ☐ an + 3格 schuld sein　　　　　　　　…3の責任がある ☐
- ☐ Wer ist schuld an dem Unfall?　その事故の責任は誰にあるのですか？ ☐
- ☐ auf + 4格 stolz sein　　　　　　　　…4を誇りにしている ☐
- ☐ Er ist sehr stolz auf seine Kinder.
　　　　　　　　　彼は子供たちのことをとても誇りにしています ☐
- ☐ für + 4格 geeignet sein　　　　　　　…4に適している ☐
- ☐ Er ist für schwere Arbeit nicht geeignet.　彼は重労働に適していません ☐
- ☐ für + 4格 zuständig sein　　　　　　…4に対する権限を持っている ☐
- ☐ Dafür bin ich nicht zuständig.　そのことに対する権限は私にはありません ☐
- ☐ mit + 3格 einverstanden sein　　　　…3を了承している ☐
- ☐ Er ist mit unserem Vorschlag einverstanden.
　　　　　　　　　　彼は私たちの提案を了承しています ☐
- ☐ mit + 3格 fertig sein　　　　　　　　…3を終えている ☐
- ☐ Wer mit den Hausaugaben fertig ist, darf draußen spielen.
　　　　　　　　　宿題を終えた人は外で遊んでもかまいません ☐
- ☐ mit + 3格 zufrieden sein　　　　　　…3に満足している ☐
- ☐ Ich bin mit meinem neuen Computer sehr zufrieden.
　　　　　　　　　私は新しいコンピュータにとても満足しています ☐
- ☐ von + 3格 begeistert sein　　　　　…3に感激している ☐
- ☐ Die Zuhörer waren von dem Konzert begeistert.
　　　　　　　　　聴衆はそのコンサートに感激していました ☐

3. 前置詞を含む熟語的表現

- ❏ **am** Ende ……… 結局 ❏
- ❏ **an** deiner Stelle ……… 君の立場ならば ❏

- ❏ **auf** der anderen Seite ……… 他方では ❏
- ❏ **auf** diese Weise ……… このやり方で ❏
- ❏ **auf** jeden Fall ……… どんなことがあっても ❏

- ❏ **im** Folgenden ……… 次に ❏
- ❏ **im** Gegensatz zu + 3格 ……… …³と反対に ❏
- ❏ **im** Hinblick auf + 4格 ……… …⁴を考慮して ❏
- ❏ **im** Moment ……… 目下のところ ❏
- ❏ **im** Prinzip ……… 原則的に ❏
- ❏ **im** Vergleich zu + 3格 ……… …³と比べれば ❏
- ❏ **im** Zusammenhang mit + 3格 ……… …³と関連して ❏
- ❏ **in** Bezug auf + 4格 ……… …⁴に関して ❏
- ❏ **in** der Nähe + 2格 ……… …²の近くに ❏
- ❏ **in** der Regel (＝i. d. R.) ……… ふつう ❏
- ❏ **in** der Tat ……… 実際に ❏
- ❏ **in** diesem Fall ……… このような場合 ❏
- ❏ **in** erster Linie ……… まず第一に ❏

- ❏ **unter** anderem (＝u. a.) ……… とりわけ ❏
- ❏ **unter** Umständen ……… 事情によっては ❏
- ❏ **unter** vier Augen ……… 2人だけで，内密に ❏

- ❏ **von** Anfang an ……… はじめから ❏
- ❏ **von** Tag zu Tag ……… 日一日と ❏

- ❏ **vor** allem (＝v. a.)； **vor** allen Dingen ……… とりわけ ❏
- ❏ **vor** Kurzem ……… 少し前に，最近 ❏

- ❏ **zum** Beispiel (＝z. B.) ……… たとえば ❏
- ❏ **zum** ersten Mal ……… 最初に ❏
- ❏ **zum** Teil (＝z. T.) ……… 部分的に ❏

実戦トレーニング

次の A～E のそれぞれについて，(1)～(4) の（　）の中に入れるのに最も適切な前置詞を 1～8 のうちから選び，その番号を丸で囲みなさい。ただし，同じ前置詞を二度使ってはいけません。

A (1) Wo wart ihr denn? Wir haben lange (　) euch gesucht.
　(2) Ich trage (　) diesen Unfall die volle Verantwortung.
　(3) Was verstehen Sie (　) dem Begriff „Freiheit"?
　(4) Es ist (　) jeden Fall besser, wenn du direkt mit dem Chef sprichst.
　1　auf　2　aus　3　für　4　mit　5　nach　6　unter　7　vor　8　zu
（2010 年秋）

B (1) Wir bedanken uns ganz herzlich (　) Ihnen.
　(2) Unsere Oma beschäftigt sich viel (　) ihren Enkeln.
　(3) Ich zweifle nicht (　) deinem guten Willen.
　(4) Das Brett ist (　) 7 cm zu lang.
　1　an　2　auf　3　bei　4　mit　5　nach　6　um　7　vor　8　zu

C (1) Er konzentriert sich jetzt (　) sein Examen.
　(2) Hans hat sich (　) die Preise gut informiert.
　(3) Er ist immer noch (　) die Lehrerin verliebt.
　(4) Die Stadt wurde 1755 (　) ein Erdbeben fast völlig zerstört.
　1　an　2　auf　3　durch　4　in　5　nach　6　über　7　vor　8　zu

D (1) Er hat leise (　) die Tür geklopft.
　(2) Er interessiert sich (　) klassische Musik.
　(3) Man soll sich nicht (　) ihn verlassen.
　(4) Was sind Sie (　) Beruf?
　1　an　2　auf　3　durch　4　für　5　in　6　nach　7　über　8　von

E (1) Er hat (　) 35 mit dem Studium angefangen.
　(2) Er musste (　) die Reise nach Deutschland verzichten.
　(3) Ich halte dich (　) meinen Freund.
　(4) (　) deiner Stelle würde ich sie anrufen und mich entschuldigen.
　1　an　2　auf　3　für　4　mit　5　über　6　von　7　vor　8　zu

―ドイツ語はどんな言葉― 言語と国民性

　死後の世界の手前に，天国への第一の扉と，地獄への第二の扉と，天国と地獄に関する講演会場への第三の扉があるとすると，ドイツ人は第三の，講演会場への扉を開けると言われます。ドイツ人は，結果オーライではなく，まず「論理的に」物事を考えないと気がすまないということでしょうね。ドイツ人のこのような国民性と関連があると思われるドイツ語の特徴を一つ挙げてみましょう。

　日本語は，言う必要がなければ，どんな語句でも，原則的に省略できますが，ドイツ語は，言う必要がなくても，文の骨格をなす語句は省略できません。たとえば，(1)の日本語文と，(2)のドイツ語文を比べてください。([誤]の印は文法的に誤った文であることを示します)。

(1)　君はハンスのことを知っていますか。
　　　→　a.　はい，私はハンスのことを知っています。
　　　→　b.　はい，私は知っています。
　　　→　c.　はい，ハンスのことを知っています。
　　　→　d.　はい，知っています。
(2)　Kennst du Hans ?
　　　→　a.　Ja, ich kenne ihn.
　　　→　b.　[誤] Ja, ich kenne.
　　　→　c.　[誤] Ja, kenne Hans.
　　　→　d.　[誤] Ja, kenne.

　ドイツ語の場合，「誰が」「誰を」などの，文の骨格をなす語句は，言う必要がなくても，表示しなければならないのです。このように，文の骨格をなす語句を常に表示しなければならないということは当然，物事の白黒を「論理的に」はっきりさせなければ気がすまないというドイツ人の国民性の反映と考えられませんか？

《ダジャレ・コーナー》
　　窓の外は雪でシュネー (Schnee)。　きょうは海で遊ぼうゼー (See)！
　　鼻がでるのはナーゼ (Nase)？　　　アリは甘いぜ (Ameise)！

第3章

書き換え

6日目	関係文1（定関係代名詞）
7日目	関係文2（関係副詞，不定関係代名詞）
8日目	複合文，従属接続詞
9日目	受動文
10日目	話法の助動詞
11日目	sich＋本動詞＋lassen, zu 不定詞句＋sein
12日目	接続法など

第3章　書き換え

《はじめに》

　大問3では，形（形式）が異なるが，表わす意味が同じあるいはほとんど同じ表現形式が出題の対象になります。いわゆる「書き換え」問題です。

　今まで出題された主な文法事項は，以下のものです。
- 関係文　　・受動文　　　・話法の助動詞　　・従属接続詞
- 接続法　　・zu 不定詞句　・lassen 文　　　・知覚動詞

関係文は，2つの文から1つの関係文を作るという古典的なものです。
　話法の助動詞，従属接続詞，接続法については，テクニック的に学習するよりも，個々の意味，用法をしっかりと把握しておくことが必要です。
　また，zu 不定詞句，lassen 文では，特殊な熟語的用法が出題されますので，それぞれの使い方をしっかり理解しておいてください。

　なお，「関係文」「受動文」は，大問4で，4択形式でも出題されますので，そのことも考慮に入れて，「実戦トレーニング」では，4択形式の問題も取り入れてあります。

　この種の出題には，応用的な語学力が必要とされます。本書の「対策学習」だけではなく，他の参考書なども活用し，語彙力も含めた，「確実な」知識を身につけるようにしてくださいね。…当然かな？

6日目 関係文1（定関係代名詞）

第1週 6日目

月　　日

> **対策問題**
>
> 次の(1)(2)のaとbの文がほぼ同じ意味になるように（　）の中に最も適切な一語を入れて，bの文を完成させなさい。解答は解答欄に記入しなさい。
>
> (1) a　Der Zug fährt nach Köln. Der Zug ist gerade angekommen.
>
> 　　 b　Der Zug, (　　) gerade angekommen ist, fährt nach Köln.
>
> (2) a　Die Studenten haben ihr Examen bestanden. Ich habe mit den Studenten zusammengearbeitet.
>
> 　　 b　Die Studenten, mit (　　) ich zusammengearbeitet habe, haben ihr Examen bestanden.
>
> 解答欄　(1)　[　　　　]　　(2)　[　　　　]

確認ポイント

- □ a文とb文を比較して，削除されている語を確認する（関係詞になる語）。
- □ 削除された名詞の文法上の性・数・格を確認し，関係代名詞の形を決める。

解説と解答

(1)のaの2つの文は，bでは1つの文。（　）の後の部分は，すなわち関係文。bで省略削除されたZugは，もともと「男性・単数・1格」。したがって，bの（　）に入れる語は，男性・単数・1格の関係代名詞 **der**。訳は「ちょうど到着した列車はケルンへ行きます」。

(2)の（　）の後の部分も，関係文。bで省略削除されたStudentenは，もともと「男性・複数・3格」。したがって，bの（　）に入れる語は，複数・3格の関係代名詞 **denen**。訳は「私が一緒に勉強した学生たちは試験に合格しました」。

> 関係代名詞による書き換え問題は，毎回出題されると思ってください。関係代名詞は，4択問題として，大問4（次章）でも出題されます。

対策学習　関係文１（定関係代名詞）

☆「書き換え」問題であっても，４択問題であっても，関係文の仕組みをしっかり押さえておくことがすべての前提です。

1.　「…するところの～」というように，名詞を修飾する副文を関係文と呼びます。たとえば，以下の斜線部分が関係文です。

- ❏ der Student, *der dort steht*　　　　　　　そこに立っている学生　❏
- ❏ die Studentin, *die dort steht*　　　　　　そこに立っている女子学生　❏
- ❏ das Kind, *das dort steht*　　　　　　　　そこに立っている子供　❏
- ❏ die Leute, *die dort stehen*　　　　　　　そこに立っている人々　❏

2.　関係文の先頭に置かれ，関係文を先行詞（修飾される名詞）と結びつける代名詞を関係代名詞と呼びます。関係代名詞の形は，先行詞の名詞の文法上の性と数と，その名詞の関係文中での格によって決まります。以下，このことを確認してみましょう。

❏ Der **Student**, *der dort steht*, heißt Hans.
　　　　　　　　　　　そこに立っている**学生**はハンスと言います　❏

先行詞は，太字の **Student** で，Student の文法上の性は男性，数は単数。Student の関係文中での格は，動詞 stehen（＜steht）の主語なので（← Der Student steht dort.「学生はそこに立っています」），1 格。したがって **der** という形（男性・単数・1 格）になっているのです。

❏ Der **Student**, *den sie liebt*, heißt Hans.
　　　　　　　　　　　彼女が愛している**学生**はハンスと言います　❏

先行詞は，太字の **Student** で，Student の文法上の性は男性，数は単数。Student の関係文中での格は，動詞 lieben（＜liebt）の 4 格目的語なので（← Sie liebt den Studenten.「彼女はその学生を愛しています」），4 格。したがって **den** という形（男性・単数・4 格）になっているのです。

3.　以下の事例で，以上のことをさらに確認してください。
《1 格》

❏ Die **Studentin**, *die dort steht*, heißt Anke.
　　　　　　　　　　　そこに立っている**女子学生**はアンケと言います　❏

> 注 先行詞は Studentin で，女性・単数。Studentin の，関係文中での格は1格。したがって関係代名詞は，女性・単数・1格の die。

《4格》

☐ Der **Computer**, *den ich gestern gekauft habe*, ist sehr gut.
　　　　　　　私が昨日買ったコンピュータはとてもいいです　☐

> 注 先行詞は Computer で，男性・単数。Computer の，関係文中での格は4格。したがって関係代名詞は，男性・単数・4格の den。

☐ Die **Bücher**, *die ich gestern gekauft habe*, habe ich schon gelesen.
　　　　　　　昨日買った本を私はもう読んでしまいました　☐

> 注 先行詞は Bücher で，複数。Bücher の，関係文中での格は4格。したがって関係代名詞は，複数・4格の die。

《3格》

☐ Ihr **Freund**, *dem sie einen Brief geschrieben hat*, hat nicht geantwortet.
　　　　　　　彼女が手紙を書いたボーイフレンドは，返事をくれませんでした　☐

> 注 先行詞は Freund で，男性・単数。Freund の，関係文中での格は3格。したがって関係代名詞は，男性・単数・3格の dem。

☐ Die **Touristen**, *denen ich heute das Schloss zeigen soll*, sind Japaner.
　　　　　　　私がきょうお城を見せる予定の旅行者たちは日本人です　☐

> 注 先行詞は Touristen で，複数。Touristen の，関係文中での格は3格。したがって関係代名詞は，複数・3格の denen。

《前置詞＋関係代名詞》

☐ Das **Krankenhaus**, *in dem meine Großmutter liegt*, ist in der Schumannstraße.　　私の祖母が入院している病院はシューマン通りにあります　☐

> 注 先行詞は Krankenhaus で，中性，単数。Krankenhaus の，関係文中での格は，前置詞に支配された3格（← Meine Großmutter liegt **in dem Krankenhaus**.「私の祖母は病院に入院しています」）。したがって関係代名詞は，中性・単数・3格の dem。

☐ In den **Jugendherbergen**, *in denen wir übernachteten*, trafen wir junge Leute aus aller Welt.
　　　　　私たちは，泊まったユースホステルで世界中からの若い人と会いました　☐

> 注 先行詞は Jugendherbergen で，複数。Jugendherbergen の，関係文中での格は，

前置詞に支配された3格（← Wir übernachteten **in den Jugendherbergen**.「私たちはユースホステルに泊まりました」）。したがって関係代名詞は，複数・3格のdenen。

《2格》
2格の場合，修飾される語の前に置かれ，関係文の冒頭に置かれます。

☐ Das ist der **Professor**, *dessen Vorlesungen sehr interessant sind*.
　　　　　　　　　　　　あの人が講義のとてもおもしろい教授です　☐

> 注　先行詞はProfessorで，男性・単数。Professorの，関係文中での格は2格（Die Vorlesungen **des Professors** sind sehr interessant.「その教授の講義はとてもおもしろいです」）。したがって関係代名詞は，男性・単数・2格のdessen。

☐ Das ist die **Professorin**, *deren Vorlesungen sehr interessant sind*.
　　　　　　　　　　　　あの人が講義がとてもおもしろい女性教授です　☐

> 注　先行詞はProfessorinで，女性・単数。Professorinの，関係文中での格は2格（Die Vorlesungen **der Professorin** sind sehr interessant.「あの女性教授の講義はとてもおもしろいです」）。したがって関係代名詞は，女性・単数・2格のderen。

☐ Das sind die alten **Damen**, *deren Wohnung wir putzen sollen*.
　　あの人たちが，私たちが住居を掃除するように言われたお年寄りのご婦人たちです　☐

> 注　先行詞はdie alten Damenで，複数。die alten Damenの，関係文中での格は2格（Wir sollen die Wohnung **der alten Damen** putzen.「私たちは，お年寄りのご婦人たちの住居を掃除するように言われています」）。したがって関係代名詞は，複数・2格のderen。

コラム

前置詞と関係代名詞が結びつく場合，wo[r] +前置詞の形になることがあります。

Das ist die Frage, **mit der** ich mich beschäftige.
　それが今，私が取り組んでいる問題です。
→ Das ist die Frage, **womit** ich mich beschäftige.

Das Haus, **in dem** er wohnt, liegt in der Stadtmitte.
　彼が住んでいる家は町の中心部にあります。
→ Das Haus, **worin** er wohnt, liegt in der Stadtmitte.

> 注　先行詞が普通名詞の場合，ふつうは前置詞＋関係代名詞の方を用います。

実戦トレーニング

☆大問5では，関係代名詞が4択形式で出題されます。したがって，Ⅱは，大問5対策です。

Ⅰ．次の(1)～(5)のaとbの文がほぼ同じ意味になるように（　）の中に最も適切な一語を書き入れて，bの文を完成させなさい。

(1) **a** Der Wein schmeckte sehr gut. Der Kellner hatte ihn uns empfohlen.
  b Der Wein, (　) der Kellner uns empfohlen hatte, schmeckte sehr gut.　　　　　　　　　　　　　　　　　　　　　　　（2012年春）
(2) **a** Die Kinder spielen im Park. Sie gehen noch nicht zur Schule.
  b Die Kinder, (　) noch nicht zur Schule gehen, spielen im Park.
(3) **a** Mein Freund fliegt stets erster Klasse. Die Eltern meines Freundes sind sehr reich.
  b Mein Freund, (　) Eltern sehr reich sind, fliegt stets erster Klasse.
(4) **a** Unser Lehrer hat zwei Töchter. Er spricht immer von ihnen.
  b Unser Lehrer hat zwei Töchter, von (　) er immer spricht.
(5) **a** Herr Fischer ist ein Lehrer. Vor ihm haben alle Schüler Angst.
  b Herr Fischer ist ein Lehrer, vor (　) alle Schüler Angst haben.

Ⅱ．次の(1)～(5)の文で（　）の中に入れるのに最も適切なものを1～4から一つ選び，その番号を丸で囲みなさい。

(1) Der Wolf hat ein großes Maul, mit (　) er Rotkäppchen* fressen kann.　　*「赤ずきんちゃん」
　　1　dem　　　2　den　　　3　denen　　　4　der
(2) Der Wolf hat eine lange Nase, mit (　) er gut riechen kann.
　　1　dem　　　2　den　　　3　denen　　　4　der
(3) Der Wolf hat gute Ohren, mit (　) er gut hören kann.
　　1　dem　　　2　den　　　3　denen　　　4　der
(4) Er gab ihr eine kurze Auskunft, (　) sie zufrieden war.
　　1　wodurch　　2　womit　　3　worauf　　4　worin
(5) Der Bericht, (　) er verunglückt ist, trifft nicht zu.
　　1　wodurch　　2　womit　　3　wonach　　4　worin

7日目 関係文2（関係副詞，不定関係代名詞）

第1週 7日目

月　　日

> **対策問題**
>
> 次の(1)(2)のaとbの文がほぼ同じ意味になるように（　　）の中に最も適切な一語を入れて，bの文を完成させなさい。解答は解答欄に記入しなさい。

(1) a　Ich fahre heute nach Köln. Dort hat er drei Jahre gelebt.
　　b　Ich fahre heute nach Köln, (　　) er drei Jahre gelebt hat.

(2) a　Er hat das Examen bestanden. Das freute seine Eltern sehr.
　　b　Er hat das Examen bestanden, (　　) seine Eltern sehr freute.

解答欄　(1) _____　　(2) _____

確認ポイント

- a文とb文を比較して，削除されている語を確認する。
- b文で削除された語が副詞の場合，それに対応する関係副詞を確認する。
- b文で削除された語が文意などを受ける代名詞などの場合，不定関係代名詞を用いる。

解説と解答

(1)のbでは，Kölnと意味的に対応するdort（副詞）が削除されています。dortは場所を表す副詞，そして先行詞は固有名詞。したがって，bの（　）は関係副詞 **wo**。訳は「私は彼が3年間住んでいたケルンへきょう行きます」。

(2)のbでは，後半の文のDasが削除されています。削除されたDasは，前半の文意を受けています。したがって，bの（　）は，文意を受ける不定関係代名詞 **was**。訳は「彼は試験に合格したが，そのことは彼の両親をとても喜ばせました」。

> 3級と異なるのは，関係副詞や不定関係代名詞 was, wer が出題されることです。

対策学習・関係文2（関係副詞，不定関係代名詞）

1. **関係副詞**は，先行詞が関係文中で**場所，方向**を表す場合に用いられます。特に国名や地名などの固有名詞の場合，必ず関係副詞が用いられます。以下，このことを確認してみましょう。

☐ Ich fahre heute nach **Mannheim, wo** ich studiert habe.
　　　　　　　　　　　私はきょう大学に通っていたマンハイムに行きます ☐

先行詞は Mannheim で，固有名詞（都市名）。Mannheim は，関係文中で前置詞 in の句に対応（← Ich habe **in Mannheim** studiert.「私はマンハイムで大学に通っていました」）。したがって，場所の関係副詞の wo が用いられているのです。

☐ Wie heißt das Restaurant, **wohin** du oft gehst?
　　　　　　　　　　　君がよく行くレストランは何というのですか？ ☐

先行詞は Restaurant で，中性・単数。Restaurant は，関係文中で前置詞 in の句に対応（← Du gehst oft **in das Restaurant**.「君はそのレストランにしばしば行きます」）。したがって，方向の関係副詞の wohin が用いられているのです。なお，前置詞＋関係代名詞（…, **in das** …）を用いることの方がふつうです。

2. **不定関係代名詞 was** は，以下のような場合に用います。

2.1 先行詞が das, alles, etwas などの不定代名詞の場合

a) **das, was** …「…ところのそのもの」
☐ **Das, was** du sagst, ist nicht wahr.　君が言うことは真実でありません ☐

　注 先行詞としての不定代名詞が省略されることがあります：Ich verstehe, **was** du sagst.（＝Ich verstehe das, **was** du sagst.）「私は君が言うことが分かります」。

b) **etwas, was** …「…ところのなにかあるもの」
☐ Denke jeden Tag **etwas, was** sonst niemand denkt!
　　　　　　　　　　　他の誰もが考えないことを毎日考えなさい！ ☐

c) **alles, was** …「…ところのものすべて」
☐ Das ist **alles, was** ich sagen wollte.　それが私が言いたかったすべてです ☐

47

2.2　先行詞が文意の場合

❑ *Er lernt jeden Tag fleißig Deutsch*, **was** mir besonders gefällt.
　　彼は毎日熱心にドイツ語を学んでいますが，私はそのことが特に気にいっています　❑

> 注　2つの文で書き直すと，以下のようになります：Er lernt jeden Tag fleißig Deutsch. **Das** gefällt mir besonders. すなわち不定関係代名詞 was は，文意を受ける Das を受けて，用いられているのです。

3. 不定関係代名詞 **was** は，前置詞と結びつく場合，**wo[r]＋前置詞**という形になります。

❑ Das war **alles**, **woran** er sich erinnern konnte.
　　　　　　　　　　　　　　　　　　それが彼の思い出せるすべてでした　❑
（← sich an＋ 4格 erinnern …⁴を思い出す）

❑ Es gibt **vieles**, **worin** ich nicht mit ihm übereinstimme.
　　　　　　　　　　　　　　私が彼と意見を異にすることはたくさんあります　❑
（← in＋ 3格 übereinstimmen …³のことで意見が一致する）

❑ **Er hat uns sehr geholfen**, **wofür** wir ihm sehr dankbar sind.
　　　　　　　　私たちは彼が私たちをとても助けてくれたことに感謝しています　❑
（← 3格 ＋dankbar sein …³に感謝している）

4. 不定関係代名詞 **wer** は，先行詞をそれ自身のなかに含み，「…する人」と言う場合に用いられます。格形は，関係文中での格によって決まります。なお，不定関係代名詞を受ける形で指示代名詞（男性形）を置くこともあります。

❑ **Wer** das behauptet, [**der**] lügt.　そう主張する人はウソをついています　❑
（＝**Derjenige**, **der** das behauptet, lügt.）

❑ **Wen** ich zuerst treffe, [**den**] frage ich.　最初に出会う人に尋ねます　❑
（＝**Denjenigen**, **den** ich zuerst treffe, frage ich.）

　なお，不定関係代名詞の格と指示代名詞の格が異なる場合，指示代名詞は，ふつう表示します。

❑ **Wer** nicht arbeiten will, **den** verachte ich.
　　　　　　　　　　　　　　　　　　働こうとしない人は私は軽蔑します　❑
（＝**Denjenigen**, **der** nicht arbeiten will, **den** verachte ich.）

実戦トレーニング

☆大問5では，関係代名詞が4択形式で出題されます。したがって，IIは，大問5対策です。

I．次の (1)〜(4) の a と b の文がほぼ同じ意味になるように（　）の中に最も適切な一語を入れて，b の文を完成させなさい。

(1) **a** Ich mag die Stadt Köln. Da verbrachte ich meine Studentenzeit.
    b Ich mag die Stadt Köln, (　) ich meine Studentenzeit verbrachte.
    (2009年春)

(2) **a** Wie heißt die Kneipe, in die du oft gehst?
    b Wie heißt die Kneipe, (　) du oft gehst?

(3) **a** Er arbeitet dort. Dort arbeiten wir auch.
    b Er arbeitet dort, (　) wir auch arbeiten.

(4) **a** Wir haben alle zusammen gesungen. Das hat mir gut gefallen.
    b Wir haben alle zusammen gesungen, (　) mir gut gefallen hat.

II．次の (1)〜(7) の文で（　）の中に入れるのに最も適切なものを下の 1〜4 から一つ選び，その番号を丸で囲みなさい。

(1) Ich werde alles machen, (　) du willst.
    1 wessen　　2 warum　　3 welchem　　4 was

(2) Das ist das Komischste, (　) ich in meinem Leben gehört habe.
    1 wenn　　2 denn　　3 was　　4 welches

(3) (　) du gesagt hast, ist nicht richtig.
    1 Welcher　　2 Was　　3 Wem　　4 Wessen

(4) Alles, (　) sie bat, wurde erledigt.
    1 welcher　　2 worum　　3 wie　　4 das

(5) Er erschrak nicht, (　) ich schließe, dass er Bescheid wusste.
    1 welcher　　2 was　　3 wie　　4 woraus

(6) (　) so erkältet ist, sollte zu Hause bleiben.
    1 Wer　　2 Was　　3 Wem　　4 Wessen

(7) (　) wir lieben, den möchten wir nicht verlieren.
    1 Wer　　2 Was　　3 Wem　　4 Wen

第2週 1日目

8日目 複合文，従属接続詞

月　　日

> **対策問題**　次の(1)(2)のaとbの文がほぼ同じ意味になるように（　）の中に最も適切な一語を入れて，bの文を完成させなさい。解答は解答欄に記入しなさい。
>
> (1) a　Er ist krank und kann deshalb nicht kommen.
>
> 　　b　Er kann nicht kommen, (　　) er krank ist.
>
> (2) a　Hans beeilt sich, um den Zug nicht zu verpassen.
>
> 　　b　Hans beeilt sich, (　　) er den Zug nicht verpasst.
>
> 　　解答欄　(1) _____　　(2) _____

確認ポイント

- 従属接続詞は，副文を作る。
- 従属接続詞による副文では，動詞は末尾に置かれる。

解説と解答

(1)のaの訳は，「彼は病気で，そしてそのために来ることができません」。すなわち，deshalb「そのために」を用いた因果関係の並列文。bの後半の文 (er krank **ist**) は，動詞が末尾に置かれているので，副文。すると，（　）は，因果関係の副文を作る従属接続詞。したがって，正解は **weil** あるいは **da**。訳は「彼は病気なので，来ることができません」。

(2)のaの訳は，「列車に乗り遅れないために，ハンスは急ぎます」。bの後半の文 (er den Zug nicht **verpasst**) は，動詞が末尾に置かれているので，副文。すると，（　）は，目的の副文を作る従属接続詞。したがって，正解は **damit**。訳は同じです。

> 出題対象になる従属接続詞，接続副詞などの数は，限定されているので，学習対象は，はっきりしています。少なくとも「対策学習」で挙げたものはしっかり学んでください。なお，um＋zu 不定詞句と damit 文は，常に交換可能というわけではありませんが，よく出題されますね。

対策学習　複合文，従属接続詞

☆二つの文（あるいはその一つが zu 不定詞句）の間の関係（たとえば因果関係）を表す表現の書き換えが出題の対象になります。主に，接続詞，接続副詞，zu 不定詞句が問題になりますので，これらの意味用法をしっかり理解しておくことが必要です。

1. 主な従属接続詞

- **als**　　　　　　　　　　　　　　　　　　　　　　　（…した）時
- **Als** er das Haus verließ, begann es zu regnen.
  　　　　　　　　　　　　　彼は家を出た時，雨が降り始めました

  - **als ob**
  - Er tut, **als ob** er schliefe.　彼はあたかも眠っているような振りをします
  - 注　「als＋定形の動詞」の形になることもあります：Er tat, **als hätte** er nichts gehört.「彼は何も聞かなかったようなふりをした」。

- **bevor**　　　　　　　　　　　　　　　　　　　　　　（…する）前に
- Komm noch einmal zu mir, **bevor** du abfährst!
  　　　　　　　　　　　　出発する前に，もう一度私のところに来てくれ！

- **bis**　　　　　　　　　　　　　　　　　　　　　　　（…する）まで
- Sie wartete, **bis** er kam.　彼が来るまで彼女は待っていました

- **da**　　　　　　　　　　　　　　　　　　　　　　　　（…）だから
- **Da** sie krank war, konnte sie nicht kommen.
  　　　　　　　　　　　　彼女は病気だったので，来ることがでませんでした

- **damit**　　　　　　　　　　　　　　　　　　　　　　（…する）ために
- Wir fahren an die See, **damit** wir uns erholen.
  　　　　　　　　　　　　私たちは休養するために，海辺に行きます
- 注　ふつう主文の後ろに置かれ，副文と主文の主語が同一の場合，um … zu による書き換えが可能です：Wir fahren an die See, **um** uns **zu** erholen.

- **dass**　　　　　　　　　　　　　　　　　　　　　　　（…と）いうこと
- Ich glaube, **dass** sie kommen.　私は彼らが来ると思います
  - **so dass / so … dass**　　　　　　　　　　　　　　とても（…）なので
  - Es war kalt, **so dass** sie froren.　寒かったので，彼らは凍えていました

- ❏ Es war **so** dunkel, **dass** ich nichts sah.
  非常に暗かったので，私は何も見えませんでした ❏
- ❏ **zu ..., als dass ...** 過ぎて（…）できない ❏
  - ❏ Das Projekt ist **zu** kostspielig, **als dass** es verwirklicht werden könnte.
    プロジェクトは費用がかかり過ぎて実現できないでしょう ❏

- ❏ **ehe** （…する）前に ❏
  - ❏ Sie schaute kurz in den Spiegel, **ehe** sie die Tür öffnete.
    彼女はドアを開ける前に，素早く鏡を見ました ❏

- ❏ **indem** （…すること）によって ❏
  - ❏ Man kann die Umwelt schützen, **indem** man Fahrrad fährt.
    自転車に乗ることによって環境をまもることができます ❏

- ❏ **nachdem** （…した）後に ❏
  - ❏ **Nachdem** er gegessen hatte, legte er sich eine Weile hin.
    彼は食事をした後に少し横になりました ❏

  注 主文よりも副文の時制は一つ前，たとえば主文が過去形なら，副文は過去完了形。

- ❏ **ob** （…）かどうか ❏
  - ❏ Ich weiß nicht, **ob** sie morgen kommt.
    私は彼女が明日来るかどうか知りません ❏

- ❏ **obwohl**（=**obgleich**） （…である）のにもかかわらず ❏
  - ❏ Er kam sofort, **obwohl** er nicht viel Zeit hatte.
    彼は時間があまりなかったのにもかかわらず，すぐ来てくれました ❏

- ❏ **seit/seitdem** （…）以来 ❏
  - ❏ Meine Mutter wohnt bei mir, **seit[dem]** sie geschieden ist.
    私の母は，離婚をして以来，私のところに住んでいます ❏

- ❏ **solang** （…）の間は ❏
  - ❏ **Solang** du Fieber hast, musst du im Bett bleiben.
    君は熱がある間はベッドに寝ていなければなりません ❏

- ❏ **während** （…している）間に ❏
  - ❏ **Während** er schlief, räumte sie die Wohnung auf.
    彼が眠っている間に彼女は住まいを掃除しました ❏

- **weil** (…) だから
  - Er ging spazieren, **weil** das Wetter schön war.
    天気がよかったので，彼は散歩に出かけました

- **wenn** もし (…) ならば
  - **Wenn** das Wetter schön ist, gehen wir spazieren.
    天気がよければ，私たちは散歩に出かけます
  - **auch wenn/selbst wenn** たとえ (…だ) としても
    - Wer einmal lügt, dem glaubt man nicht, **auch wenn** er die Wahrheit spricht.
      一度ウソをついた人はたとえ真実を言っても誰も信じない
    - **Selbst wenn** er wollte, könnte er das nicht tun.
      たとえやろうとしても，彼はそれをすることはできないでしょう

2. 接続副詞

- **dann** それから
  - Erst regnete es, **dann** schneite es.
    まず雨が降り，それから雪が降りました

- **danach** その後
  - Sie nahm die Tabletten, und **danach** ging es ihr wieder besser.
    彼女は薬を飲みましたが，その後，気分がよくなりました

- **deshalb/daher/deswegen/also** そのために
  - Draußen schneite es. **Deshalb** ging er nicht raus.
    外は雪が降っていました。そのため彼は外出しませんでした

- **seitdem** それ以降，それ以来
  - **Seitdem** sind drei Jahre vergangen.
    それ以来3年が経ちました

- **trotzdem/dennoch** それにもかかわらず
  - Die Sonne schien, aber **trotzdem** war es sehr kalt.
    お日さまは照っていましたが，それにもかかわらずとても寒かった
  - Die Arbeit war sehr schwer, **dennoch** hatte ich Spaß daran.
    仕事はとても大変でしたが，でも私はそのことを楽しみました

- [ ] **zwar ..., aber ...** たしかに…だが [ ]
- [ ] **Zwar** ist das Wetter schön, **aber** trotzdem gehen wir nicht raus.
  たしかに天気がいいですが，私たちは外出しません [ ]

3.　zu 不定詞句

- [ ] **um＋zu 不定詞句** (…する) ために [ ]
- [ ] Wir haben ein Taxi genommen, **um** rechtzeitig dort an**zu**kommen.
  私たちは遅れずにそこに着くためにタクシーに乗りました [ ]

- [ ] **ohne＋zu 不定詞句** (…し) ないで [ ]
- [ ] **Ohne** einen Augenblick **zu** zögern, sagte er zu.
  一瞬のためらいもなく彼は承諾しました [ ]

- [ ] **anstatt/statt＋zu 不定詞句** (…をする) 代わりに [ ]
- [ ] Er hat den ganzen Nachmittag gespielt, **anstatt zu** lernen.
  彼は勉強する代わりに午後の間ずっと遊んでいました [ ]

コラム1

「定形の動詞＋主語＋…」のように，定形の動詞を文頭に置くことによって，wenn 文「もし…ならば」に対応する副文を作ることがあります。

　Kommt Zeit, kommt Rat.＝**Wenn** Zeit kommt, dann kommt Rat.
　　時来れば，助けあり。

コラム2

理由を表す書き換え表現として，従属接続詞 weil/da と並列接続詞 denn があります。weil/da と denn の異なるのは，定形の動詞の位置です。

　Sie gingen nicht raus, *weil das Wetter* **schlecht** *war*.
　　天気が悪いので，彼らは外出しませんでした。
　Sie gingen nicht raus, *denn das Wetter* **war** *schlecht*.
　　彼らは外出しませんでした。というのは，天気が悪かったのです。

実戦トレーニング

☆大問 5 では，4 択形式でも出題されます。したがって，Ⅱ は，大問 5 対策用です。

Ⅰ．次の (1)〜(6) の a と b の文がほぼ同じ意味になるように（　）の中に最も適切な一語を入れて，b の文を完成させなさい。

(1) **a** Er ist vom Regen ganz nass geworden und hat sich erkältet.
　　b Er ist vom Regen so nass geworden, (　) er sich erkältet hat.
　　　　　　　　　　　　　　　　　　　　　　　　　　（2012 年秋）

(2) **a** Er putzt sich zuerst die Zähne, und dann geht er ins Bett.
　　b Er putzt sich die Zähne, (　) er ins Bett geht.

(3) **a** Nach dem Essen ging er eine Stunde spazieren.
　　b (　) er gegessen hatte, ging er eine Stunde spazieren.

(4) **a** Auch bei Regen findet der Flohmarkt statt.
　　b Der Flohmarkt findet statt, auch (　) es regnet.

(5) **a** Das Paket ist sehr schwer. Man kann es nicht mitnehmen.
　　b Das Paket ist zu schwer, als (　) man es mitnehmen könnte.

(6) **a** Du musst zu Hause bleiben, solang du mit den Hausaufgaben nicht fertig bist.
　　b Du musst zu Hause bleiben, (　) du mit den Hausaufgaben fertig bist.

Ⅱ．次の (1)〜(5) の文で（　）の中に入れるのに最も適切なものを 1〜4 から一つ選び，その番号を丸で囲みなさい。

(1) Es ist noch nicht klar, (　) er bleibt oder nicht.
　　1　denn　　　2　als　　　3　ob　　　4　weil

(2) Sie schaute kurz in den Spiegel, (　) sie die Tür öffnete.
　　1　obwohl　　2　bevor　　3　bis　　　4　nachdem

(3) (　) sie im Wohnzimmer fernsieht, kocht ihr Mann in der Küche.
　　1　Indem　　2　Damit　　3　Obwohl　　4　Während

(4) Immer (　) er kommt, bringt er Blumen mit.
　　1　denn　　　2　da　　　3　ob　　　4　wenn

(5) Dieses Gerät ist (　) praktisch als auch hübsch.
　　1　sowohl　　2　entweder　　3　so　　　4　zwar

9日目 受動文

第2週 2日目

月　　日

> **対策問題**
>
> 次の(1)(2)のaとbの文がほぼ同じ意味になるように（　）の中に最も適切な一語を入れて，bの文を完成させなさい。解答は解答欄に記入しなさい。
>
> (1)　a　Der Lehrer hat den Studenten gelobt.
>
> 　　　b　Der Student ist von dem Lehrer gelobt (　　　).
>
> (2)　a　Das Kind bekam ein neues Fahrrad geschenkt.
>
> 　　　b　Dem Kind (　　　) ein neues Fahrrad geschenkt.
>
> 　　　解答欄　(1) ☐　　　(2) ☐

確認ポイント

- 受動形は，過去分詞＋werden（受動の不定詞）を基にして作られる。
- 受動の完了形は，過去分詞＋worden sein を基にして作られる。
- 過去分詞＋bekommen は「…してもらう」という意味を表す（bekommen 受動）。

解説と解答

(1)のa文は，能動文の完了形。訳は「先生はその学生をほめた」。b文は，a文の受動文（完了形）。受動文の完了形は，過去分詞＋worden sein を基にして作られます。したがって（　）は worden。訳は「学生は先生にほめられました」。

(2)のa文は，bekommen 受動の過去形。訳は「子供は新しい自転車を贈ってもらった」。元の文は，Jemand schenkte dem Kind ein neues Fahrrad. で，b文は，この文を受動形にし，dem Kind を文頭に置いたもの。a文が過去形なので，（　）は wurde。訳は「子供には新しい自転車が贈られました」。

> 対策的には，書き換え問題で，a文とb文の名詞が同じならば，まず，能動文と受動文の書き換えだと考えてみましょう。

対策学習　　　　受動文

☆受動文に関しては，主に，① **時制の書き換え**，② **能動文からの書き換え**，③ **bekommen 受動文の書き換え**などが出題されます。

1. 受動形の時制

受動形は，本動詞の<u>過去分詞</u>と受動の助動詞 **werden** の結合を基にして作ります。
　　　loben「ほめる」→ gelobt werden「ほめられる」（受動の不定詞）

<u>受動形の各時制</u>は，受動の助動詞 **werden** を変化させることで表します。それぞれの時制を対比的に示すと，以下のようになります (3 人称単数の文)。

- 現在形
  - Der Schüler **wird** vom Lehrer **gelobt**.
    生徒は先生にほめられます
  - 注 受動の助動詞 werden を現在人称変化。

- 過去形
  - Der Schüler **wurde** vom Lehrer **gelobt**.
    生徒は先生にほめられました
  - 注 受動の助動詞 werden を過去人称変化。

- 未来形
  - Der Schüler **wird** vom Lehrer **gelobt werden**.
    生徒は先生にほめられるでしょう
  - 注 受動の不定詞と結びつく未来の助動詞 werden を現在人称変化。

- 現在完了形
  - Der Schüler **ist** vom Lehrer **gelobt worden**.
    生徒は先生にほめられました
  - 注 受動の完了の不定詞「本動詞の過去分詞＋worden sein」の sein を現在人称変化。

- 過去完了形
  - Der Schüler **war** vom Lehrer **gelobt worden**.
    生徒は先生にほめられました
  - 注 受動の完了の不定詞「本動詞の過去分詞＋worden sein」の sein を過去人称変化。

なお，受動形は，zu 不定詞句で用いられるとともに，話法の助動詞とも用いることができます。

- Wir spielen nicht Fußball, um **gelobt zu werden**, sondern um zu gewinnen.
  　　私たちがサッカーをするのは，ほめられるためではなく勝つためです
- Das Fest **musste verschoben werden**.
  　　祝祭は延期されねばなりませんでした

2. 能動文から受動文の作り方

能動文から受動文を作る場合，能動文の **4格目的語を主語** にして，受動の助動詞 **werden** を第2位に置き，本動詞の **過去分詞を文末** に置きます。能動文の主語を受動文で表示する場合は，**von＋** 3格 の形を用います。

Der Lehrer lobt **den Schüler**. 先生は生徒をほめる

Der Schüler wird *vom Lehrer* gelobt. 生徒は先生にほめられる

なお，受動形を副文で用いる場合，本動詞の **過去分詞＋werden** あるいは本動詞の **過去分詞＋worden sein** という語順になります。

…, dass der Schüler vom Lehrer *gelobt* **wurde**.
　　　生徒が先生にほめられた（こと…）

…, dass der Schüler vom Lehrer *gelobt* **worden ist**. （同上）

3. bekommen 受動

bekommen 受動は，人を表わす3格目的語を持つ動詞の **過去分詞と bekommen** を組み合せて作ります。ドイツ語では，3格目的語を主語にして人称受動文を作ることができないため，これを補うための表現形式です。

3格 ＋ 4格 ＋**schenken**　　…³に…⁴をプレゼントする

- ❏ 能動文　　　❏ Sie *schenkt* **ihm** eine Krawatte.
　　　　　　　　　彼女は彼にネクタイをプレゼントします。
- ❏ 受動文　　　❏ **Ihm** *wird* von ihr eine Krawatte *geschenkt*.
　　　　　　　　　彼には彼女からネクタイがプレゼントされます。
- ❏ bekommen 受動　❏ Er *bekommt* von ihr eine Krawatte *geschenkt*.
　　　　　　　　　彼は彼女からネクタイをプレゼントされます。

コラム

受動文で手段，原因などを表す場合は「durch＋4格」を用います。
　Die Stadt ist **durch** Bomben zerstört worden.
　　　町は爆弾で破壊されました。

実戦トレーニング

☆大問5では，4択形式でも出題されます。したがって，Ⅱは，大問5対策用です。

Ⅰ．次の(1)～(6)のaとbの文がほぼ同じ意味になるように（　）の中に最も適切な一語を入れて，bの文を完成させなさい。

(1) **a** Mir wurde soeben ein Paket zugestellt.
   b Mir ist soeben ein Paket zugestellt (　　　　). 　　(2010年春)

(2) **a** Der Lehrer lobt die Schüler sehr oft.
   b Die Schüler (　　　　) von dem Lehrer sehr oft gelobt.

(3) **a** Die alten Sachen muss man in den Keller schaffen.
   b Die alten Sachen müssen in den Keller geschafft (　　　　).

(4) **a** Glücklicherweise ist bei dem Unfall niemand verletzt worden.
   b Glücklicherweise (　　　　) bei dem Unfall niemand verletzt.

(5) **a** Mein Onkel hat mir einen Computer geschenkt.
   b Mir ist von meinem Onkel ein Computer geschenkt (　　　　).

(6) **a** Er hat ihr das Buch geliehen.
   b Sie hat von ihm das Buch geliehen (　　　　).

Ⅱ．次の(1)～(5)の文で（　）の中に入れるのに最も適切なものを1～4のうちから一つ選び，その番号を丸で囲みなさい。

(1) Die Stadt (　　) von vielen Touristen besucht.
    1 werden　　2 ist　　3 worden　　4 wurde

(2) Der Briefträger ist von unserem Hund gebissen (　　).
    1 geworden　　2 werden　　3 worden　　4 wurde

(3) Karl und Anke (　　) von Anna zum Essen eingeladen worden.
    1 wird　　2 ist　　3 sind　　4 wurde

(4) Wir sind (　　) dem Mann betrogen worden.
    1 um　　2 durch　　3 mithilfe　　4 von

(5) Die Nachricht ist (　　) den Rundfunk verbreitet worden.
    1 um　　2 durch　　3 mithilfe　　4 von

10日目 話法の助動詞

第2週 3日目

月　　日

> **対策問題**　次の (1) (2) の a と b の文がほぼ同じ意味になるように (　) の中に最も適切な一語を入れて，b の文を完成させなさい。解答は解答欄に記入しなさい。
>
> (1)　a　Hans musste heute den ganzen Tag Deutsch lernen.
>
>   　　b　Hans hat heute den ganzen Tag Deutsch lernen (　　).
>
> (2)　a　Es ist verboten, hier zu rauchen.
>
>   　　b　Man (　　) hier nicht rauchen.
>
>   　　解答欄　(1) [　　　　　]　　(2) [　　　　　]

☞ 確認ポイント

- 話法の助動詞の過去分詞は，**不定詞と同一の形**（たとえば müssen は müssen）。
- dürfen の否定形は，**禁止**を表す（「…することが許されない」）。

解説と解答

　(1) の a 文の musste は，müssen の過去形。訳は「ハンスはきょう一日中ドイツ語を学ばなければならなかった」。b 文では，müssen が省略され，動詞の部分が「… hat … lernen (　)」という完了形。話法の助動詞を完了形にする場合，過去分詞は不定詞と同形。したがって，(　) は **müssen**。訳は a 文と同じ。

　(2) の a 文の意味は「ここでタバコを吸うことは禁止されている」。b 文は，末尾に動詞があり，定形の動詞がありません。話法の助動詞で，「…することが禁止されている」に対応するのは，否定詞と結びつく dürfen。したがって，b 文の(　) は **darf**。訳は a 文と同じ。

話法の助動詞文の，本動詞なしの用法は，78頁も参照。なお，mögen も，話法の助動詞の一つですが，あまり用いられないので，以下の対策学習から外してあります（次頁のコラム参照）。

対策学習　……………　**話法の助動詞**　……………………

☆話法の助動詞に関しては，主に，①<u>過去形と完了形の書き換え</u>，②<u>文の意味を読み取って</u>，話法の助動詞の文への書き換えなどが出題されます。対策は，時制の作り方と意味用法をしっかり学習しておくことになります。

1. 時制 (3人称単数形)

現在形	過去形	現在完了形
☐ er darf	☐ er durfte	☐ er hat … 本動詞+dürfen
☐ er kann	☐ er konnte	☐ er hat … 本動詞+können
☐ er muss	☐ er musste	☐ er hat … 本動詞+müssen
☐ er soll	☐ er sollte	☐ er hat … 本動詞+sollen
☐ er will	☐ er wollte	☐ er hat … 本動詞+wollen

　話法の助動詞の過去分詞は，不定詞と同じ形になります。また，話法の助動詞には，本動詞を伴わない用法もありますが，この場合，過去分詞は，**gedurft, gekonnt, gemusst, gesollt, gewollt** になります。詳細は78頁。

2. 基本的意味用法

　話法の助動詞の意味は，基本的なところで共通する部分も持っています。したがって，共通部分を押さえながら，それぞれの意味用法を理解してください。

2.1 wollen と möchten

　wollen は，主語の，<u>実現への明白な意志</u>を表すのに対し，möchten は，主語の，（実現への意志と言うより）<u>控えめな，単なる願望</u>を表します。

☐ Er **will** uns morgen besuchen.　彼は私たちを明日訪問すると言っています　☐
☐ Ich **möchte** dich manchmal schlagen.　ぼくは時々おまえをなぐりたくなるよ　☐

> **コラム**
>
> möchten は，本来，動詞 mögen の接続法第2式なのですが，すでに一つの独立した動詞と覚える方がよいと思います。mögen そのものは，現在，主に「一般的な好み」を表す本動詞として用いられます。
>
> 　Ich **mag** Fleisch.　私は肉が好きです。

2.2　wollen と sollen

　wollen は，上で説明したように，主語の意志を表しますが，sollen は主語以外の人の，主語に対する要求を表します。

❏　Dein Vater hat angerufen. Du **sollst** ihn zurückrufen.
　　　君のお父さんが電話してきました。折り返し電話をして欲しいとのことです　❏

　後半の文は，主語の du 以外の人（すなわちこの場合 dein Vater）の，主語の du に対する要求を表します。
　したがって，wollen と sollen は，以下のように，表裏の関係にあると言えます。

❏　Ich **soll** also tun, was du **willst**.
　　　　　　　　　それじゃ私に，君の言うようにやれと言うのですね！　❏
　　　　　　（←君は［君の欲することを僕がやることを］欲するのですね！）

2.3　sollen と dürfen

　sollen は，上で説明したように，主語以外の人の，主語に対する要求を表しますが，dürfen は，主語以外の人の，主語に対する許可を表します。

❏　Du **sollst** heute Abend kommen.　　　君に今晩来て欲しいんだって　❏
　　　　　　（←君が今晩来ることを（主語の du 以外の人が）欲している）
❏　Du **darfst** heute Abend kommen.　　　君は今晩来てもよいんだって　❏
　　　　　　（←君が今晩来ることを（主語の du 以外の人が）許している）

2.4　sollen と müssen

　sollen は，上で説明したように，主語以外の人の，主語に対する要求を表しますが，müssen は，なんらかの事情から主語がそうせざるをえない（たとえば目的達成のためにはこれこれをする必要がある）というような物事の必然性を表します。

❏　Du **sollst**（誤：musst）artig sein, weil ich es will.
　　　　　　　　私が求めるのだから，君はおとなしくしてなければだめだよ　❏
　　注「おとなしくする」ように，主語以外の人である ich が要求しているのです。

❏　Wenn du nicht sterben willst, **musst**（誤：sollst）du essen.
　　　　　　　　　　　もし死にたくなければ，君は食べなければだめだ　❏
　　注「死なない」という目的のためには，「食べる」ことが必要だということです。

2.5 müssen と können

推量の意味用法の場合，können は，**推論上の可能性**（「…とも考えられる」）を表し，müssen は，**論理上の必然性**（「…にちがいない」）を表します。次の文では können を用いるか müssen を用いるかに，大きな気分上の差があります。

☐ Er ist schwer krank. 彼は重病です ☐
  → ☐ Er **kann** bald sterben. 彼はまもなく死ぬかもしれない ☐
  → ☐ Er **muss** bald sterben. 彼はまもなく死ぬにちがいない ☐

なお，推量には dürfte（接続法第2式）や mögen も用いられますが，事柄の真実に対する話者の確信度は müssen → dürfte → mögen と低下します。

☐ Heute Abend **dürfte** es ein Gewitter geben.
  今夕，雷雨があるかもしれません ☐
☐ Er **mag** etwa 40 Jahre alt sein. 彼はたぶん 40 歳位でしょう ☐

最後に形式的な指摘にもなりますが，**完了の不定形**（太字のイタリック体）と結びつく können や müssen は必ず**推測**に関するものです。これも覚えておいてよいことです。

☐ Er **kann** das Geld auch *verloren haben*.
  彼はその金をなくしてしまったのかもしれない ☐
  （「彼がお金をなくした」という，論理上の可能性がある）
☐ Er **muss** wohl *verunglückt sein*. 彼は事故にあったにちがいない ☐
  （「彼が事故にあった」という，論理上の必然性がある）

> **コラム**
>
> nicht müssen は，nicht brauchen＋zu 不定詞句（「…する必要がない」）と同じ意味で，言い換えが可能です。たびたび出題対象になりますので，しっかり学んでください。
>
>   Das **musst** du **nicht** tun, wenn du nicht willst.
> ＝ Das **brauchst** du **nicht zu** tun, wenn du nicht willst.
>   やりたくなければ，やらなくてもいいよ。

実戦トレーニング

次の (1)〜(6) の a と b の文がほぼ同じ意味になるように ( ) の中に最も適切な一語を入れて，b の文を完成させなさい。

(1) **a** Peter musste heute sein Kind zur Schule bringen.
    b Peter hat heute sein Kind zur Schule bringen (　　).　　(2009 年秋)

(2) **a** Wir haben heute den ganzen Tag Deutsch lernen müssen.
    b Wir (　　) heute den ganzen Tag Deutsch lernen.

(3) **a** Früher hat man hier auf dem Bahnsteig rauchen dürfen.
    b Früher (　　) man hier auf dem Bahnsteig rauchen.

(4) **a** Es ist verboten, bei Rot die Straße zu überqueren.
    b Bei Rot (　　) man nicht die Straße überqueren.

(5) **a** Ich empfehle dir, einmal nach Deutschland zu fahren.
    b Du (　　) einmal nach Deutschland fahren.

(6) **a** Sie brauchen nicht so früh aufzustehen.
    b Sie (　　) nicht so früh aufstehen.

●読んでみよう●

Text 1　**Er muss fleißiger Deutsch lernen.**
A: Er hat vor, einmal nach Österreich zu fahren und dort die Salzburger Festspiele* zu besuchen.
B: Daher muss er noch fleißiger Deutsch lernen.
*＝ザルツブルク音楽祭

Text 2　**Sie darf alleine nach Deutschland fahren.**
Gewöhnlich erlauben die Eltern ihren Töchtern nicht, alleine nach Europa zu fahren. Aber ihre Eltern sind sehr modern, daher darf sie in diesem Sommer alleine nach Deutschland fahren.

（訳は別冊参照）

第 2 週 4 日目

11日目 sich＋本動詞＋lassen, zu不定詞句＋sein

月　　日

> **対策問題**　次の (1) (2) において，a と b の文がほぼ同じ意味になるように（　）の中に最も適切な一語を入れて，b の文を完成させなさい。解答は解答欄に記入しなさい。
>
> (1)　a　Das Problem kann leicht gelöst werden.
>
> 　　　b　Das Problem (　　) leicht zu lösen.
>
> (2)　a　Die Tür kann nicht geöffnet werden.
>
> 　　　b　Die Tür (　　) sich nicht öffnen.
>
> 　　　　　　解答欄　(1) [　　　　　]　　(2) [　　　　　]

確認ポイント

- □ **zu 不定詞句＋sein** は，「…されうる」「…されねばならない」。
- □ **sich＋本動詞＋lassen** は，「…されうる」。

解説と解答

(1) の a 文は，受動形 (gelöst werden) ＋話法の助動詞 können の結びついた文。訳は「この問題は簡単に解決することができる」。b 文は，zu 不定詞句を含む文。a 文の「…されうる」の意味を zu 不定詞句で表すのは，zu 不定詞句＋sein。したがって，（　）は **ist**。訳は a 文と同じ。

(2) の a 文は，受動形 (geöffnet werden) と話法の助動詞 können の結びついた文（「…されうる」）。訳は「このドアは開けることができない」。b 文は，再帰代名詞 sich を含む文。a 文の「…されうる」の意味を再帰代名詞で表すのは，sich＋他動詞＋lassen。したがって，（　）は **lässt**。訳は a 文と同じ。

> sich＋本動詞＋lassen と zu 不定詞句＋sein は，逐語的に日本語に訳しても意味の通じない熟語的表現です。両者ともに，本動詞は他動詞で，その 4 格目的語が主語になっています。確認をしてください。そのため，受動形との書き換えが可能なのです。

対策学習 sich＋本動詞＋lassen，zu 不定詞句＋sein

☆「…される」という受動表現は，受動形のみならず，（他動詞の）**zu 不定詞句＋sein** や **sich＋他動詞＋lassen** によっても作ることができます。ただし，**zu 不定詞句＋sein** の場合は，「…されうる」／「…されねばならない」，**sich＋他動詞＋lassen** の場合は，「…されうる」というように，話法的意味合いが必ず伴うのです。

1. 「…されうる」

☐ この本は簡単に読めます。
- → ☐ Das Buch **kann** leicht **gelesen werden**. ← 受動形
- → ☐ Das Buch **ist** leicht **zu lesen**. ← zu 不定詞句＋sein
- → ☐ Das Buch **lässt sich** leicht **lesen**. ← sich＋他動詞＋lassen

注 ふつうの zu 不定詞句に書き換えると以下のようになります（Buch が lesen の４格目的語になっていることを確認）：Es ist leicht, das Buch zu lesen.

☐ それは理解するのがとても難しいです。
- → ☐ Das **kann** nur schwer **verstanden werden**.
- → ☐ Das **ist** nur schwer **zu verstehen**.
- → ☐ Das **lässt sich** nur schwer **verstehen**.

注 ふつうの zu 不定詞句に書き換えると以下のようになります（das が verstehen の４格目的語になっていることを確認）：Es ist schwer, das zu verstehen.

☐ この問題は解決することができません。
- → ☐ Dieses Problem **kann** nicht **gelöst werden**.
- → ☐ Dieses Problem **ist** nicht **zu lösen**.
- → ☐ Dieses Problem **lässt** sich nicht **lösen**.

☐ 私の考えではこの計画は簡単に実現できます。
- → ☐ Meiner Ansicht nach **kann** der Plan leicht **realisiert werden**.
- → ☐ Meiner Ansicht nach **ist** der Plan leicht **zu realisieren**.
- → ☐ Meiner Ansicht nach **lässt sich** der Plan sehr leicht **realisieren**.

2. 「…されねばならない」

☐ さらに何がなされるべきでしょうか？
- → ☐ Was **muss** noch **getan werden**?　　← 受動形
- → ☐ Was **ist** noch **zu tun**?　　← zu 不定詞句＋sein

☐ これ以上の遅延はどうしても避けねばなりません。
- → ☐ Eine weitere Verzögerung **muss** unbedingt **vermieden werden**.
- → ☐ Eine weitere Verzögerung **ist** unbedingt **zu vermeiden**.

☐ この件は出来るだけ速く処理しなければなりません。
- → ☐ Die Sache **muss** so schnell wie möglich **erledigt werden**.
- → ☐ Die Sache **ist** so schnell wie möglich **zu erledigen**.

☐ 入り口で証明書を提示しなければなりません。
- → ☐ Am Eingang **muss** der Ausweis **vorgezeigt werden**.
- → ☐ Am Eingang **ist** der Ausweis **vorzuzeigen**.

注 1　zu 不定詞句＋sein は，「…されうる」と「…されねばならない」という意味用法を持つわけですが，どちらの意味用法になるかは，文脈によります。

　　　Dieses Hindernis **ist** sofort **zu** überwinden.
　　〈可能〉この障害は即刻克服することができます。
　　〈義務〉この障害は即刻克服されねばなりません。

注 2　助動詞 lassen には，zu のない不定詞と共に用いられ，「…してもらう」という意味を表す用法があります。したがって，Deine Haare sollten **geschnitten werden**.「君の髪は切られるべきです」という文を Du solltest dir die Haare **schneiden lassen**.「君は髪の毛を切ってもらうべきです」という文に書き換えさせる出題もありました。

注 3　以下のような表現も受動的意味合いを伴います。ただし，これらの場合，gut とか einfach とかの評価の副詞がかならず必要です。97 頁も参照。

　　　Das Buch **verkauft sich gut**.　　　この本はよく売れます。
　　　（← よく売られる）
　　　Das Wort **spricht sich einfach aus**.　　この単語は発音が簡単です。
　　　（← 簡単に発音される）

実戦トレーニング

次の (1)〜(7) の a と b の文がほぼ同じ意味になるように (　) の中に最も適切な一語を入れて，b の文を完成させなさい。

(1) **a** Die Wünsche der Gäste müssen sofort erfüllt werden.
　　b Die Wünsche der Gäste (　　) sofort zu erfüllen. 　　(2009 年春)

(2) **a** Diese Frage kann nicht leicht beantwortet werden.
　　b Diese Frage ist nicht leicht (　　) beantworten.

(3) **a** Es war nicht leicht, das Missverständnis aufzuklären.
　　b Das Missverständnis (　　) nicht leicht aufzuklären.

(4) **a** Diese Stadt ist zu Lande und zu Wasser erreichbar.
　　b Diese Stadt ist zu Lande und zu Wasser (　　) erreichen.

(5) **a** Das Fenster kann nur schwer geöffnet werden.
　　b Das Fenster (　　) sich nur schwer öffnen.

(6) **a** Dieser Text ist nicht so leicht zu übersetzen.
　　b Dieser Text lässt (　　) nicht so leicht übersetzen.

(7) **a** Der Text ist so schnell wie möglich zu übersetzen.
　　b Der Text (　　) so schnell wie möglich übersetzt werden.

コラム zu 不定詞句と haben

zu 不定詞句と haben の結合は，「…しなければならない」という意味も持ちますので，müssen との書き換えが可能な場合があります。

　Ich **habe** noch eine Stunde **zu arbeiten**.
　= Ich **muss** noch eine Stunde **arbeiten**.
　　私はまだ 1 時間働かなければなりません。

なお，zu 不定詞句の動詞が他動詞の場合，直前の名詞を「…するところの〜」と修飾する用法もあります。

　Hast du ***etwas*** ***zu essen***?
　　何か食べるものを持っているかい？

第 2 週 5 日目

12 日目　接続法など

月　　日

> **対策問題**　次の (1)(2) において，a と b の文がほぼ同じ意味になるように（　）の中に最も適切な一語を入れて，b の文を完成させなさい。解答は解答欄に記入しなさい。
>
> (1)　a　Anke sagte: „Ich habe Kopfschmerzen".
> 　　　b　Anke sagte, dass sie Kopfschmerzen (　　　).
> (2)　a　Komm, Hans, gehen wir zusammen spazieren!
> 　　　b　Komm, Hans, (　　　) uns zusammen spazieren gehen!
>
> 　　　解答欄　(1)　　　　　　　　　(2)

確認ポイント

- 間接話法には，接続法第 1 式を用いる。
- lass uns …! / lasst uns …! は，「…しましょう！」という提案を表す。

解説と解答

(1) の a 文は，「アンケは，『私は頭痛がする』と言った」という直接話法の文。b 文は，その間接話法の文。dass 文の主語 sie は，a の引用文の中の Ich，そして主文の主語の Anke (Anke → Ich → sie)。したがって，「彼女」，すなわち 3 人称単数なので，(　) は **habe** (なお，口語では 2 式 **hätte** も用いられます)。訳は a 文と同じ。

(2) の a 文は，wir を主語にした提案文 (「本動詞＋wir …!」)。意味は「来いよ，ハンス，散歩に行こう！」。b 文は，uns があるので，lassen を用いた提案文。相手が一人ならば **Lass** uns …!，相手が二人以上ならば **Lasst** uns …!。この場合，相手が Hans 一人なので，(　) は **lass**。訳は a 文と同じ。

直接話法と間接話法の書き換えは，定番。代名詞が変化することにも要注意。提案の表現として，Wir wollen …! という形もあります。

対策学習　　接続法など

☆大問3では，今までに扱ったもの以外にも，様々な文法事項が出題対象になります。それらをすべて取り上げて説明することができませんので，それらのうち，比較的重要と考えられる以下の3点を取り上げることにします。

① 直接話法と間接話法
② 命令と提案の表現
③ 知覚動詞

1. 直接話法と間接話法

直接，人の言葉を直接引用するのが直接話法，間接的に述べるのが間接話法です。直接話法には，従来学んだ形（直説法と呼びます）を，間接話法には，接続法第1式を用います。なお，人の言葉を表している文には，接続詞 dass を用いないものと用いるものがあります。

- 直接話法　　□ Er sagte: „Sie **ist** krank."　　彼は，『彼女が病気です』と言いました。
- 間接話法　　□ Er sagte, sie **sei** krank.　　彼は，彼女が病気だと言いました。
　　　　　　　□ Er sagte, **dass** sie krank **sei**.
　　　　　　　　＊定形の動詞の位置に注意！

なお，口語の場合あるいは接続法第1式の形が直説法の形と同一の場合，接続法第2式を用いることがあります。

- 直接話法　　□ Hans sagte: „Ich hatte gestern keine Zeit."
　　　　　　　　　　ハンスは，『私は昨日時間がありませんでした』と言いました。
- 間接話法　　□ Hans sagte, er **habe/hätte** gestern keine Zeit gehabt.
　　　　　　　　　　ハンスは，昨日時間がなかったのだと言いました。
　　　　　　　　　　注 hätte＜haben の接続法第2式

- 直接話法　　□ Er sagte: „Du **hast** keinen Mut."
　　　　　　　　　　彼は，『君は勇気がない』と言いました。
- 間接話法　　□ Er sagte mir, dass ich keinen Mut **hätte**.
　　　　　　　　　　彼は，ぼくには勇気がないと言いました。
　　　　　　　　　　注 habe にすると，直説法と区別がつかなくなります。

なお，接続詞第2式 **sollte** の言い換えとして，**Es wäre doch gut, wenn** …「…した方がいいですよ」が出題されたことがありますので，この種の決まり文句も学習しておきましょう。

- Du **solltest** sofort zum Arzt gehen.
  君はすぐにお医者さんに行くべきだよ
- **Es wäre doch gut, wenn** du sofort zum Arzt gehen würdest.
  すぐにお医者さんに行った方がいいと思うよ

なお，次頁の【コラム】も参照。

2. 命令と提案の表現

2.1 命令の表現には，命令形だけではなく，様々な形が用いられます。ただし，その際，口調は，命令調にします。

- 命令形
  - Rauch nicht so viel!　　　タバコをそんなに吸ってはいけません！
  - Setzen Sie sich, Herr Müller!　　ミュラーさん，お座りください！
- 現在形
  - Du bleibst hier!　　　　　君はここにいなさい！
- 未来形
  - Wirst du sofort aufhören!　　　すぐにやめなさい！
  - Du wirst sofort aufhören!　　　（意味は同じ）

注　名詞でも (Hilfe!「助けて！」)，不定形の動詞でも (Aussteigen!「お降りください！」)，分離前つづりでも (Zurück!「もどれ！」)，命令の表現を作ることができます。

2.2 提案の表現には，「**定形の動詞＋wir** …！」，「**Lass/Lasst uns** …＋**不定形の動詞**！」，「**Wir wollen** …＋**不定形の動詞**！」などの形が用いられます。

- Gehen wir zusammen essen!　　　　　一緒に食事に行こう！
- Lass（または Lasst）uns zusammen essen gehen!*　（意味は同じ）
- Wir wollen zusammen essen gehen!　　　（意味は同じ）

*lass は，lassen の du に対する命令形ですので，Lass uns …! は，相手が一人の場合に，lasst は，lassen の ihr に対する命令形ですので，相手が二人以上の場合に用います。

3. 知覚動詞は，不定形の動詞と結びついて，「…するのを見る／聞く…」という表現を作りますが，wie 文とも結びついて，同じような意味を表します。この場合の wie には「どのように」などの，具体的な意味はありません。

- ☐ Ich **sah, wie** eine alte Frau **umfiel**.　私は一人の老婆が転倒するのを見ました　☐
- ☐ Ich **sah** eine alte Frau **umfallen**.　　　　　　　　　　（意味は同じ）　☐
- ☐ Ich **hörte, wie** die Haustür **aufging**.　私は家のドアが開くのを聞きました　☐
- ☐ Ich **hörte** die Haustür **aufgehen**.　　　　　　　　　　（意味は同じ）　☐

4. その他にも，Sie **hatte das Gefühl, dass** man sie betrogen hatte.「彼女は，人が自分をだましたと感じていた」（注：dass 文は名詞 Gefühl の内容を示します。名詞を修飾する dass 文もよく出題文に使われます）という文を Sie **fühlte sich** betrogen. という再帰表現に書き換える出題もあります。しかし，このような出題は，個別の表現力に関わるものですので，あまり気にせず，上述のような基本的な書き換えパターンをしっかり学ぶのがよいと思います。

> **コラム**
>
> 話法の助動詞 sollen/können の，「**hätte** …＋本動詞＋**sollen/können**」という形は，「後悔」や「非難」を表すのに用いられます。文法的に言うと，接続法第 2 式の完了形ということになりますが，大問 4 で出題されたことがあります。
> 〈後悔〉　Ich **hätte** früher daran denken **sollen**.
> 　　　　　私はもっと早くそのことを考えるべきでした。
> 〈非難〉　Das **hättest** du nicht tun **sollen**.
> 　　　　　そんなことは君はすべきではなかったよ。
> 　　　　　Das **hättest** du doch schon früher sagen **können**.
> 　　　　　そのことはもっと早く言うことが出来たでしょう。
>
> また，**wünschen の接続第 2 式**を用いた Ich wünschte … は，以下のように，非現実の願望を述べるのに用いられますが，これも，適切な動詞を選ぶ 4 択形式で出題されたことがあります。
> 　Ich **wünschte**, wir könnten gehen.
> 　　　私たちは一緒に行ければいいのだがなあ。
> 　Ich **wünschte** mir, ich hätte Flügel.
> 　　　私に翼があればなあ。

実戦トレーニング

次の (1)〜(10) の a と b の文がほぼ同じ意味になるように ( ) の中に最も適切な一語を入れて，b の文を完成させなさい ((10) の場合は c も)。

(1) **a** Vor Kurzem sagten mir meine Kollegen, ich sei fleißig.
　　b Vor Kurzem sagten mir meine Kollegen: „Sie (　　) fleißig."
　　　　　　　　　　　　　　　　　　　　　　　　　　　　(2008 年秋)

(2) **a** Hans sagte: „Ich habe heute keine Zeit."
　　b Hans sagte, er (　　) heute keine Zeit.

(3) **a** Sie sagten, sie kämen heute.
　　b Sie sagten: „Wir (　　) heute."

(4) **a** Es wäre doch gut, wenn du das nicht so negativ sehen würdest.
　　b Du (　　) das nicht so negativ sehen.

(5) **a** Lasst uns spazieren gehen!
　　b (　　) wir spazieren!

(6) **a** Lass uns nicht mehr davon reden, die Sache ist doch erledigt.
　　b Wir (　　) nicht mehr davon reden, die Sache ist doch erledigt.

(7) **a** Geh sofort ins Bett!
　　b Du (　　) sofort ins Bett!

(8) **a** Ich höre die Glocke läuten.
　　b Ich höre, (　　) die Glocke läutet.

(9) **a** Ich möchte sehen, wie die Sonne aufgeht.
　　b Ich möchte die Sonne (　　) sehen.

〈番外編〉

(10) **a** Er hatte das Gefühl, dass man ihn beleidigt hatte.
　　b Er hatte das Gefühl, beleidigt worden (　　) sein.
　　c Er fühlte (　　) beleidigt.

〈訳してみましょう！〉

　　Ich habe langsam **das Gefühl**, die Prüfung bestehen zu können.
　　Ich habe langsam **das Gefühl**, dass ich die Prüfung bestehen könnte.

● 楽しく読んでみよう！●

Ein echter Freund

Als Peter und Hans auf einem Bergpfad[1] wanderten[2], tauchte plötzlich ein großer Bär auf[3]. Peter kletterte schnell auf einen Baum[4], aber Hans hatte keine Zeit mehr dazu[5]. Er warf sich deswegen zu Boden hin[6] und tat, als ob[7] er tot wäre. Der Bär kam plump und langsam auf ihn zu, aber er schnüffelte nur an seinem Gesicht und ging wieder weg.

Peter kam erleichtert vom Baum herunter. Ohne sich für sein egoistisches Verhalten zu entschuldigen, fragte er Hans halb im Spaß[8], was der Bär ihm ins Ohr geflüstert[9] habe. Darauf antwortete Hans: „Der Bär hat mir gesagt, dass der Feigling, der[10] seinen Freund im Notfall verlässt, kein echter Freund sein kann."

注
1. Bergpfad 「山道」。道一般を表す Weg を用いて Bergweg とも言います。
2. wanderten wandern はただ単に歩くだけでなく，ハイキングすることを表します。
3. tauchte … auf 分離動詞 auf｜tauchen の過去形，「おもいがけなく現れる」。
4. kletterte … auf einen Baum klettern はふつうこの文のように「（手や足を使って）よじ登る」という意味で用いられますが，木から降りる場合や苦労してベッドから下り立つ場合にも用いられます：Er klettert vom Baum.「彼は木から降りる」。
5. dazu da- は，前文の auf einen Berg klettern「木によじ登る」を指します。
6. warf sich … hin warf は werfen の過去形，文字通り「身を投げる」です。
7. tat, als ob tat は tun の過去形。ふつうは「…をする」という意味で用いられますが，この文のように als ob 文ともよく結びついて，「…のように振る舞う」。
8. halb im Spaß im Spaß は「冗談で」。halb が付いて「冗談半分に」。
9. ihm ins Ohr geflüstert geflüstert は flüstern の過去分詞。ins Ohr と結びついて，「耳にささやく」の意。ihm は所有の3格で ins Ohr にかかります：「彼の耳に」
10. der 関係代名詞で，先行詞は der Feigling「臆病者」。関係文の主語ですので，男性単数1格形になります。

第4章

残された重要な文法事項

13日目　特殊な完了形
14日目　間接疑問文
15日目　dass 文と zu 不定詞句の相関詞
16日目　比較表現のバリエーション（任意）
17日目　再帰表現のバリエーション（任意）
18日目　不定代名詞（任意）
19日目　注意すべき格の用法と
　　　　前置詞の格支配（任意）

第4章　残された重要な文法事項

《はじめに》

　大問4では，雑多と言ってもよいほど様々な文法事項が出題されます。ただし，出題形式は，選択肢を選ぶものなので，解答記入式の大問3よりも解答しやすいと思います。

　今までに大問4で出題された文法事項は，
- 関係文
- 受動文
- 接続法
- 接続詞
- 特殊な完了形
- 間接疑問文
- dass 文と zu 不定詞句の相関詞
- 比較表現と再帰表現のバリエーション
- 不定代名詞
- 格の用法と前置詞の格支配の細則
- 心態詞（doch, ja などの，文の意味に微妙なニュアンスを与える特殊な副詞）

などですが，これらのうち，冒頭に挙げた関係文，受動文，接続法，接続詞は，第3章で扱いましたので，この章では，それらを除いたものを取り上げることにします。

　なお，完了形，間接疑問文，dass 文と zu 不定詞句の相関詞以外は，これまで出題の定番になっていませんので，学習は任意とします。
　また，心態詞も，出題されることがありますので，余裕のある人は，付録データで学んでおくとよいと思います。
　ただし，これらの文法項目は，いつ出題されてもおかしくないものですし，長文読解の基礎力にもなりますので，学習しておく価値は十分にあると思います。

第2週 6日目

13日目 特殊な完了形

月　　日

> **対策問題**　次の (1) (2) の文の (　) の中に入れるのに最も適切なものを下の 1〜4 の中から一つ選び，その番号を解答欄に記入しなさい。
>
> (1)　Er wollte schlafen, aber er hat es nicht (　　).
>   1 können　　2 konnten　　3 konnte　　4 gekonnt
>
> (2)　Es (　　) mir nicht gelungen, ihn davon zu überzeugen.
>   1 hat　　2 ist　　3 wird　　4 muss
>
> 解答欄　(1) □　　(2) □

☞ 確認ポイント

- ☐ 完了形は，完了の不定詞（過去分詞＋完了の助動詞）を基にして作る。
- ☐ 完了の助動詞には，haben と sein の 2 種類がある。

解説と解答

(1) の選択肢は，話法の助動詞 können「…できる」の変化形。(　) を含む文の動詞は haben（＜hat）なので，話法の助動詞の完了形が出題のポイント。話法の助動詞の過去分詞は，本動詞を伴うか伴わないかによって，形が異なりますね。本動詞を伴わない場合の können の過去分詞は gekonnt。したがって，正解は 4。訳は「彼は眠ろうとしたが，彼はそれができませんでした」。

(2) は，末尾の不定詞句を受ける es を主語として文頭に置いた文。gelungen は，gelingen「…に成功する」の過去分詞なので，gelingen の完了形の作り方が出題のポイント。gelingen の完了形を作る助動詞は sein。そして，主語が Es なので，その定形は ist。したがって，正解は 2。訳は「私は，彼にそのことを納得させることができませんでした」。なお，gelingen は，3 格目的語と結びつきます。

> 話法の助動詞の過去分詞には 2 種類の形が，また「移動あるいは状態変化を表す自動詞」以外にも，完了の助動詞 sein を用いる動詞が例外的にあるのですね。

対策学習　　特殊な完了形

1. 話法の助動詞の過去分詞

話法の助動詞の過去分詞は，本来，不定詞と同じ形になります。たとえば，

- Er hat in die Stadt gehen **müssen**.　　彼は町に行かねばなりませんでした

しかし，話法の助動詞の過去分詞がそうならない場合もあります。

たとえば，方向を表す語句（「…へ」）を伴う場合，話法の助動詞は，以下のように，移動を表す本動詞を省略して用いられることができるのですが，

- Er muss in die Stadt gehen.　　彼は町に行かねばなりません
→ - Er muss in die Stadt.　　（意味は同じ）

このような場合，話法の助動詞の過去分詞は，以下のような形になります。

- dürfen → - **ge**durf**t**　　　- können → - **ge**konn**t**
- müssen → - **ge**muss**t**　　- sollen → - **ge**soll**t**
- wollen → - **ge**woll**t**

- Er hat in die Stadt **gehen müssen**.　　彼は町に行かねばなりませんでした
→ - Er hat in die Stadt **gemusst**.　　（意味は同じ）

また，すでに純粋な他動詞として使われる場合も（たとえば können「…ができる」，wollen「…を望む」），過去分詞として，上掲の形を用います。

- Damals hat er noch nicht Deutsch **gekonnt**.
　　　　　　　　当時，彼はまだドイツ語ができませんでした
- Er hat unsere Hilfe **gewollt**.　　彼は私たちの助力を望みました

> 注 1　使役の助動詞 lassen「…させる」も，完了形の過去分詞として不定詞をそのまま用います。
> 　　　Hans **hat** seinen Vater lange **warten lassen**.
> 　　　　ハンスは父親を長いこと待たせました。
> 注 2　知覚動詞（sehen「見る」など）も他の動詞を伴う場合，完了形の過去分詞として不定詞をそのまま用いることがあります。
> 　　　Ich **habe** ihn schon aus der Ferne **kommen** sehen.
> 　　　　私はもう遠くから彼の来るのが見えました。

2. 完了の助動詞の特殊な使い方

☆完了の助動詞として sein を用いる特殊な自動詞

- **sein** …にいる
- Er **ist** lange Zeit im Ausland **gewesen**.　彼は長い間外国にいました
- **bleiben** …に留まっている
- Er **ist** im Zimmer **geblieben**.　彼は部屋の中に留まりました
- **begegnen** …に出会う
- Ich **bin** ihm gestern zweimal **begegnet**.　私は彼に昨日二度出会いました
- **geschehen** （事件などが）起こる
- Es **ist** bei diesem Unfall nicht viel **geschehen**.
　この事故は大したことになりませんでした

　　注 本来の主語は viel，文頭の Es は仮主語

- **scheitern** 失敗する
- Dieser Plan **ist** leider **gescheitert**.　この計画は残念ながら失敗しました

☆ -fallen の複合動詞

- **gefallen** 気に入る
- Das Mädchen **hat** uns gut **gefallen**.
　私たちにはこの女の子がとても気に入りました
- **durch|fallen** （試験などに）落ちる
- Ich **bin** Gott sei Dank nicht **durchgefallen**.
　私はありがたいことに試験に落ちませんでした

3. 過去完了形，未来完了形

　過去完了形は，ある過去の出来事よりもさらに前に起きた出来事を表し（「（過去のある時点では）すでに…してしまっていた」），「**過去分詞＋haben/sein の過去形**」の組み合わせによって作ります．

〈haben 支配の動詞；たとえば essen「食事をする」〉

ich	**hatte**	… gegessen	wir	**hatten**	… gegessen
du	**hattest**	… gegessen	ihr	**hattet**	… gegessen
er	**hatte**	… gegessen	sie	**hatten**	… gegessen

〈sein 支配の動詞；たとえば abfahren「出発する」〉
- ❏ ich　**war**　… abgefahren　　❏ wir　**waren**　… abgefahren
- ❏ du　**warst**　… abgefahren　　❏ ihr　**wart**　… abgefahren
- ❏ er　**war**　… abgefahren　　❏ sie　**waren**　… abgefahren

❏　Nachdem er **gegessen hatte**, **legte** er sich eine Weile hin.
　　　　　　　　　　　　彼は，食事をとった後，少しの間横になりました　❏
❏　Als ich am Bahnhof **ankam**, **war** der Zug schon **abgefahren**.
　　　　　　　　　　　　私が駅に着いたとき，列車はすでに出発していました　❏

未来完了形は，未来のある時点で完了していると考えられる出来事を表し（「(未来のある時点では)‥してしまっているでしょう」），「過去分詞＋**haben/sein** (h/s)＋**werden**」の組み合わせによって作ります。

- ❏ ich　**werde**　… 過去分詞＋**h/s**　　❏ wir　**werden**　… 過去分詞＋**h/s**
- ❏ du　**wirst**　… 過去分詞＋**h/s**　　❏ ihr　**werdet**　… 過去分詞＋**h/s**
- ❏ er　**wird**　… 過去分詞＋**h/s**　　❏ sie　**werden**　… 過去分詞＋**h/s**

❏　Morgen um 3 Uhr **werde** ich das Auto **repariert haben**.
　　　　　　　　　　　　明日３時に私は車の修理を終えているでしょう　❏

なお，未来完了形は，過去の過ぎ去った出来事に関する推量（「(すでに)…してしまっているであろう」）にも用いられます。

❏　Er **wird** schon nach Berlin **abgefahren sein**.
　　　　　　　　　　　　彼はもうベルリンに向かって出発したことでしょう　❏

4.　話法の助動詞と完了の不定詞

推量を表す話法の助動詞は，完了の不定詞と結びつくと，過去のことに関する推量を表します。

❏　Er **kann** sich **geirrt haben**.　　彼が勘違いした可能性はあります　❏
❏　Sie **muss** es **vergessen haben**.
　　　　　　　　　　　　彼女はそのことを忘れてしまったに違いありません　❏
❏　Er **soll** schon gestern **gekommen sein**.
　　　　　　　　　　　　彼はすでに昨日来たとのことです　❏
❏　Er **will** dich gestern **gesehen haben**.
　　　　　　　　　　　　彼は君を昨日見たと言っています　❏

実戦トレーニング

次の (1)～(11) の文で (　) の中に入れるのに最も適切なものを 1～4 のうちから選び，その番号を丸で囲みなさい。

(1) Es (　) schon am Vormittag angefangen zu regnen.
  1　ist   2　wird   3　hat   4　kann
                         (2012 春)

(2) Seitdem er weggezogen (　), sehen wir uns nur noch selten.
  1　hat   2　ist   3　hatte   4　wart

(3) Wir (　) uns gestern in der Stadt begegnet.
  1　haben 2　werden 3　sind   4　hatten

(4) Nachdem sie zu Abend gegessen hatten, (　) sie im Park spazieren gegangen.
  1　sind   2　hatte   3　waren 4　hatten

(5) Nachdem Frau Schmidt den ganzen Tag im Büro gearbeitet (　), musste sie noch das Abendessen kochen.
  1　war   2　hatte   3　ist   4　hat

(6) Er muss lange in Japan gewesen (　).
  1　hat   2　haben 3　ist   4　sein

(7) Er kann lange in Deutschland gelebt (　).
  1　hat   2　haben 3　ist   4　sein

(8) Er soll die Prüfung (　) haben.
  1　bestehen 2　bestand 3　besteht 4　bestanden

(9) Ich habe sie vergessen (　), aber ich habe es nicht gekonnt.
  1　wollen 2　wollten 3　wollte 4　gewollt

(10) Anke hat nicht (　), dass ich mitfahre.
  1　wollen 2　wollten 3　wollte 4　gewollt

(11) Das hättest du aber wirklich nicht tun (　).
  1　sollen 2　sollten 3　sollte 4　gesollt

14日目 間接疑問文

第2週 7日目

月　　日

> **対策問題**　次の(1)(2)の(　)の中に入れるのに最も適切なものを下の1～4の中から一つ選び，その番号を解答欄に記入しなさい。
>
> (1)　Er fragte mich, (　　) sie morgen kommt.
>
> 　1　denn　　2　dass　　3　ob　　4　als ob
>
> (2)　Wissen Sie, aus (　　) Zeit das Gemälde stammt?
>
> 　1　einer　　2　welcher　　3　dieser　　4　was für ein
>
> 解答欄　(1) □　(2) □

確認ポイント

- 「…かどうか」という**間接疑問文**は，**ob** を用いて作る。
- **疑問詞**による**間接疑問文**は，疑問詞を**文頭**に置いて作る。

解説と解答

(1)の前半 Er fragte mich … は「彼は私に尋ねました」。後半は，定形の動詞が末尾に置かれているので，**副文**。選択肢の中で，動詞 fragen と結びつき，副文を作る従属接続詞は，**ob**「…かどうか」のみ。したがって，**正解は 3**。訳は「彼は私に，彼女が明日来るのかどうかと尋ねました」。

(2)の前半 Wissen Sie …? は「知っていますか？」。後半は，定形の動詞 stammt が末尾に置かれているので，**副文**。aus (　) Zeit の (　) に従属接続詞は入りません。選択肢は冠詞。ただし，単なる冠詞を入れただけでは，wissen の目的語になる副文が作れません。したがって，(　) に入るのは**疑問冠詞**。welcher「どの？」か was für ein「どのような？」のどちらかということになります。前置詞 aus は3格支配，Zeit は女性名詞の単数。女性・単数・3格は **welcher**。したがって，**正解は 2**。訳は「あなたはこの絵がいつの時代のものか知っていますか？」。

定形の動詞の位置によって，(　) の後ろが副文であること，そして，意味から間接疑問文が出題対象であることが見分けられるかですね。

対策学習　　　　　間接疑問文

1. 直接疑問文と間接疑問文

決定疑問文に対応する間接疑問文は従属接続詞 **ob** によって作ります。補足疑問文に対応する間接疑問文は，従属接続詞を用いず，疑問詞を文頭に置いて作ります。なお，間接疑問文の場合，定形の動詞は文末に置かれます。

- Er fragt, **ob** er mit Kreditkarte zahlen **kann**.
  　　　　　　　　　　　彼はクレジットカードで払えるかどうか尋ねます
  (← Er fragt: „Kann ich mit Kreditkarte zahlen?")
- Sie fragt ihn, **wo** er gewesen **ist**.　彼女は彼にどこにいたのか尋ねます
  (← Sie fragt ihn: „Wo bist du gewesen?")

2. 事例（上段が直接疑問文，下段が間接疑問文）

〈決定疑問文〉

- Liebst du mich noch?　　　　　　　　私のことをまだ愛してる？
- → Sie fragt mich immer, **ob** ich sie noch **liebe**.
  　　　　　　　　　　　彼女は私にいつもまだ愛しているかと尋ねます

〈間接疑問文〉

- **Warum** muss er jetzt gehen?　なぜ彼は今行かねばならないのですか？
- → Ich frage ihn, **warum** er jetzt gehen **muss**.
  　　　　　　　　　　私は彼になぜ今行かねばならないのか尋ねます
- **Wie** konnte so was geschehen?
  　　　　　　　　　　そういうことがどうして起こりえたのですか？
- → Es* ist mir unverständlich, **wie** so etwas geschehen **konnte**.
  　　　　　どうしてそのようなことが起こりえたのか私には理解できません
  *wie 以下の間接疑問文を受けています。
- **Wie lange** dauert es zu Fuß?　　歩くとどの位かかりますか？
- → Wissen Sie, **wie lange** es zu Fuß **dauert**?
  　　　　　　　　　　　歩くとどの位かかるのかご存知ですか？
- **An wen** soll ich mich wenden?　私は誰に相談したらよいのですか？
- → Ich weiß nicht, **an wen** ich mich wenden **soll**.
  　　　　　　　　　　私は誰に相談したらよいのか分かりません

- ☐ **Worum*** handelt es sich? 何が問題になっているのですか？ ☐
→ ☐ Weißt du, **worum** es sich ***handelt***?
君は何が問題になっているのか知っていますか？ ☐

*下の枠を参照。

- ☐ **Was für einen** Film möchtest du sehen?
君はどのような映画が見たいですか？ ☐
→ ☐ Er fragte mich, **was für einen** Film ich sehen ***möchte***.
彼は私がどのような映画が見たいのかと尋ねました ☐

> *worum は um＋was（疑問詞）の結合した形。他に
> wodurch （＜durch＋was）　wofür （＜für＋was）
> womit （＜mit＋was）　wonach （＜nach＋was）
> woran （＜an＋was）　worauf （＜auf＋was）
> wovon （＜von＋was）　wozu （＜zu＋was）
> などがあります。

コラム1　welcher と was für ein

welcher は既知のものを対象に「どの？」と尋ねるのに対して，**was für ein** はものの特性に目を向けて「どのような？」と尋ねるのに用います：

Welchen Band liest du jetzt? — Den zweiten Band.
　今どの巻を読んでいるの？―第2巻だよ。
Was für ein Buch liest du jetzt? — Ein Fachbuch.
　今どんな本を読んでいるの？―専門書だよ。

コラム2　was für ein の詳論

・複数や物質名詞の場合，無冠詞になります。
　　Was für Schuhe hat er sich gekauft?　彼はどんな靴を買ったのですか？
　　Was für Wein trinkst du gern?　君はどのようなワインが好きですか？
・was と für が離れて用いられることがあります。
　　Was sind das **für** Bäume?　それらはどんな木ですか？
　　Was haben Sie **für** Beschwerden?　どのような痛みがあるのですか？

実戦トレーニング

次の (1)〜(11) の文で (　) の中に入れるのに最も適切なものを 1〜4 のうちから選び，その番号を丸で囲みなさい。

(1) Es ist noch nicht klar, (　) die Sache ausgeht.
  1　ob　　　　2　dass　　　　3　warum　　　　4　wie
                   (2012 春)

(2) Sie fragte mich, (　) Max morgen zur Party kommt.
  1　wo　　　　2　dass　　　　3　ob　　　　4　wer

(3) (　) wir verreisen, steht noch nicht fest.
  1　Wo　　　　2　Wer　　　　3　Was　　　　4　Wann

(4) Er fragt, (　) alt Frank ist.
  1　dass　　　　2　was　　　　3　wie　　　　4　wieso

(5) Wissen Sie, (　) er Angst hat?
  1　wovon　　　　2　wovor　　　　3　worüber　　　　4　worauf

(6) Ich weiß nicht, (　) der Unterschied liegt.
  1　worunter　　　　2　wovor　　　　3　worin　　　　4　womit

(7) Ich fragte ihn, (　) er heute besucht hat.
  1　wer　　　　2　wessen　　　　3　wem　　　　4　wen

(8) Wissen Sie, (　) es in Japan noch Bären gibt?
  1　obwohl　　　　2　ob　　　　3　wie viele　　　　4　wenn

(9) Die Mutter fragt den Sohn, (　) er das Geld braucht.
  1　wozu　　　　2　worauf　　　　3　worin　　　　4　womit

(10) Hast du dir schon überlegt, (　) du deinen nächsten Urlaub verbringen möchtest?
  1　wo　　　　2　wohin　　　　3　was　　　　4　woher

(11) Der Verkäufer fragte mich, (　) Fahrrad ich denn haben möchte.
  1　ein　　　　2　welcher　　　　3　dieses　　　　4　was für ein

第3週 1日目

15日目 dass 文と zu 不定詞句の相関詞

月　日

> **対策問題**　次の (1)(2) の (　) の中に入れるのに最も適切なものを下の 1～4 の中から一つ選び，その番号を解答欄に記入しなさい。
>
> (1)　Ich finde (　　) wichtig, weiter darüber zu diskutieren.
> 　1　von　　　2　sie　　　3　es　　　4　für
>
> (2)　Ich zweifle (　　), dass er immer die Wahrheit gesagt hat.
> 　1　darüber　2　dazu　　3　davon　4　daran
>
> 　　　　　　　　　　　　　　解答欄　(1) ☐　(2) ☐

確認ポイント

- **es** や **da[r]-＋前置詞**は，dass 文や zu 不定詞句を受けるのに用いられる。
- da[r]- と結びつく前置詞は，動詞が**どの前置詞を支配するか**によって決まる。

解説と解答

(1) の finden は，4格＋形容詞と結びついて「…⁴を～と思う」。すなわち前半の意味は「私は…を重要と思う」。(　) は本来，後半の zu 不定詞句が入るところ。したがって，(　) には，**zu 不定詞句**（4格）の代わりになる語を入れます。すなわち **es**。正解は **3**。訳は「私は，さらにそのことについて議論することを重要と思います」。

(2) の zweifeln は，**an＋3格**と結びついて「…³を疑う」。すなわち前半の意味は「私は…を疑う」。(　) は本来，an＋後半の dass 文が入るところ。したがって，(　) には，**an＋dass 文**の代わりになる語を入れます。すなわち **da[r]-＋前置詞**（an）。正解は **4**。訳は「私は彼が常に真実を言ったとは信じられません」。

dass 文や zu 不定詞句を文の外に持って行った場合，「ここに dass 文あるいは zu 不定詞句が入るのですよ」というシグナルを残すわけです。

対策学習 …… **dass 文と zu 不定詞句の相関詞** ……………

☆ここでは，dass 文と zu 不定詞を受ける相関詞のうち，**da[r]-＋前置詞**という形のみを取り上げます。

1. dass 文と zu 不定詞句の相関詞

一部の動詞は，前置詞句を目的語にとります (たとえば動詞 bitten「頼む」)。

❑ Ich habe ihn **um Hilfe** gebeten.　　私は彼に手助けをお願いしました ❑

上例では，前置詞の後ろに名詞 Hilfe が置かれていますが，それが dass 文 (たとえば dass er mir hilft) または zu 不定詞句 (たとえば mir zu helfen) の場合，それらを単純に um の後ろに置くことはできません。

　×Ich habe ihn　**um dass er mir hilft**　gebeten.
　×Ich habe ihn　**um mir zu helfen**　gebeten.

したがって，このような場合，dass 文または zu 不定詞句を文の外に移し，その代わりに，da[r]- と前置詞を結びつけた形を相関詞として置くのです。

❑ Ich habe ihn　*dar*um　gebeten, **dass er mir hilft**.
❑ Ich habe ihn　*dar*um　gebeten, **mir zu helfen**.

その際，「da[r]-＋前置詞」の前置詞がどの前置詞になるか (たとえば dar**an** なのか dar**um** なのか，あるいはその他の形なのか) は，それぞれの動詞が元々どの前置詞と結びつくのかによって決まります。以下に具体例を示します。

2. 事例

☆動詞

❑ **an**＋ 4格 **denken**　　　　　　　　…4のことを考える ❑
❑ Ich denke nicht *dar*an, nach Deutschland zu fliegen.
　　　　　　　　私はドイツに行くことは考えていません ❑

❑ sich[4] **an**＋ 4格 **gewöhnen**　　　　　　…4に慣れる ❑
❑ Ich habe mich *dar*an gewöhnt, früh aufzustehen.
　　　　　　　　私は朝早く起きることに慣れました ❑

87

- **auf + 4格 achten** …4に注意する
- Ich achte *darauf*, immer pünktlich zu sein.
  私はいつも時間を守るようにしています
- **sich⁴ auf + 4格 freuen** …4のことを楽しみにしている
- Er freut sich *darauf*, seine Freunde wiederzusehen.
  彼は友人たちとの再会を楽しみにしています
- **Wert auf + 4格 legen** …4を重要視する
- Er legt großen Wert *darauf*, dass wir ihn besuchen.
  彼は私たちが彼を訪問することをとても重要視しています
- **auf + 4格 verzichten** …4を断念する
- Er musste *darauf* verzichten, in Deutschland zu studieren.
  彼はドイツの大学で勉学することを諦めねばなりませんでした
- **mit + 3格 rechnen** …3と予想する
- Ich rechne *damit*, dass er nicht so schnell aufgibt.
  私は，彼がそう簡単には諦めないと予想します
- **unter + 3格 leiden** …3のことを悩む
- Er leidet sehr *darunter*, dass er allein ist.
  彼は一人であることにとても悩んでいます
- **sich⁴ über + 4格 freuen** …4のことを喜んでいる
- Er freute sich *darüber*, endlich am Ziel zu sein.
  彼はやっと目的地に着いたことを喜んでいました
- **von + 3格 abhängen** …3次第である
- Seine Zukunft hängt *davon* ab, ob er fleißig arbeitet.
  彼の将来は，彼がまじめに働くかどうかにかかっています
- **4格 + zu + 3格 zwingen** …4に…3を無理やりやらせる
- Sie hat ihn *dazu* gezwungen, die Wahrheit zu sagen.
  彼女は無理やり彼に真実を言わせました

☆形容詞

- **mit + 3格 einverstanden sein** …3を了承している
- Ist er *damit* einverstanden, dass du an der Reise teilnimmst?
  彼は君が旅行に参加することを了承していますか？

- ☐ **von**＋3格 **überzeugt sein**　　　　　　…³と確信している ☐
- ☐ Ich bin fest **davon** überzeugt, dass Max das Examen bestehen wird.
　　　　　私はマックスが試験に合格するだろうと強く確信しています ☐

なお，da[r]-＋前置詞が動詞によっては省略可能な場合があります。省略可能かどうかが出題対象になることはありませんが，特に省略されやすい事例を挙げることにします（[ ] は省略可能を示します）。

- ☐ sich⁴ **an**＋4格 **erinnern**　　　　　　…⁴を思い出す ☐
- ☐ Er erinnert sich [*daran*], dass er früher schon einmal die Frau gesehen hat.
　　　　　彼はかつてすでに一度その女性を見かけたことがあるのを思い出します ☐
- ☐ stolz **auf**＋4格 **sein**　　　　　　…⁴を誇りにしている ☐
- ☐ Er ist sehr stolz [*darauf*], seinen Doktor gemacht zu haben.
　　　　　彼は博士号をとったことをとても誇りにしています ☐
- ☐ 3格＋**für**＋4格 **danken**　　　　　　…³に…⁴のことで感謝する ☐
- ☐ Ich danke Ihnen [*dafür*], dass Sie mich eingeladen haben.
　　　　　私はあなたの招待にお礼を申します ☐
- ☐ sich⁴ **vor**＋3格 **fürchten**　　　　　　…³を恐れる ☐
- ☐ Warum fürchtest du dich [*davor*], mit ihm zu sprechen?
　　　　　君はなぜ彼と話をすることを恐れているのですか？ ☐
- ☐ sich⁴ **zu**＋3格 **entschließen**　　　　　　…³する決心をする ☐
- ☐ Ich habe mich [*dazu*] entschlossen, das Motorrad zu verkaufen.
　　　　　私はバイクを売る決心をしました ☐

> **コラム** dadurch と dass
>
> **dadurch** と **dass** は，「…することによって」という一種の接続詞（＝indem）を作ります。
> 　Der Mensch wird *dadurch* stark, **dass** er schwere Aufgaben löst.
> 　　人は難しい課題を解決することによって強くなります。

実戦トレーニング

次の (1)〜(10) の文で (　) の中に入れるのに最も適切なものを 1〜4 のうちから選び，その番号を丸で囲みなさい。

(1) Sie leidet sehr (　　), dass sie so schlechte Noten hat.
　　1　davon　　　2　davor　　　3　darüber　　　4　darunter

(2) Max war gerade (　　) beschäftigt, das Fahrrad zu reparieren.
　　1　dazu　　　2　davon　　　3　darum　　　4　damit

(3) Sie beschwert sich (　　), dass er sie ein paar Minuten warten ließ.
　　1　daran　　　2　davor　　　3　darüber　　　4　darin

(4) Er fürchtet sich (　　), allein die Verantwortung zu tragen.
　　1　davon　　　2　daran　　　3　dazwischen　　4　davor

(5) Ich habe das Problem (　　) gelöst, dass ich den Termin verschoben habe.
　　1　darin　　　2　davor　　　3　dadurch　　　4　darauf

(6) Wir rechnen (　　), dass im nächsten Jahr die Konjunktur wieder besser wird.
　　1　darum　　　2　damit　　　3　darüber　　　4　davon

(7) Mein Problem besteht (　　), dass ich zu feige bin, eine Frau anzusprechen.
　　1　daran　　　2　dafür　　　3　darüber　　　4　darin

(8) Er ist sehr stolz (　　), dass er die Prüfung bestanden hat.
　　1　dazu　　　2　davon　　　3　darum　　　4　darauf

(9) Sein Glück hängt (　　) ab, ob sie seinen Heiratsantrag annehmen wird.
　　1　darauf　　　2　damit　　　3　darüber　　　4　davon

(10) Herr Schmidt ist (　　) bekannt, sich nicht so leicht aus der Ruhe bringen zu lassen.
　　1　daran　　　2　dafür　　　3　darüber　　　4　davon

独検では，前置詞の問題がよく出るんですよ！

第3週 2日目

16日目（任意） 比較表現のバリエーション

月　　日

> **対策問題**　次の (1) (2) の（　）の中に入れるのに最も適切なものを下の1～4の中から一つ選び，その番号を解答欄に記入しなさい。
>
> (1)　Mein Haus ist genauso groß (　　) das meines Nachbarn.
>   1　für　　2　als　　3　wie　　4　dann
>
> (2)　Ich möchte mich auf das (　　) bedanken.
>   1　Herzlichst　　　　2　Herzlichste
>   3　Herzlichstem　　　4　Herzlichsten
>
> 解答欄　(1) ☐　(2) ☐

確認ポイント

- 比較表現には，様々なバリエーションがある。
- 比較級が「**比較的…**」という意味で用いられることがある（「絶対比較級」）。
- 最上級が「**とても…**」という意味で用いられることがある（「絶対最上級」）。

解説と解答

(1) の **genauso** は「まったく同じ」という意味の副詞。（　）の前の部分を訳すと，「私の家は，…まったく同じ大きさです」。genauso は，「**so＋形容詞＋wie**」の **so の強調形**。したがって，（　）の中に入るのは **wie**。**正解は 3**。訳は「私の家は私の隣人の家とまったく同じ大きさです」。なお，das meines Nachbarn は，das **Haus** meines Nachbarn の **Haus** を省略したもの。

(2) の選択肢は，herzlich「心からの」の**最上級の様々な形**。das と結びつく形容詞の格語尾は -e。したがって，（　）の中に入るのは **Herzlichste**（→ auf das Herzlichste）。**正解は 2**。絶対最上級の用法。訳は「私は心底からお礼を申し上げたいと思います」。なお，aufs Herzlichste も可。

ここでは，比較表現のバリエーションが出題対象。なお，大問1では，比較級，最上級の例外的作り方（ウムラウト）なども出題対象になります。

対策学習 ········ **比較表現バリエーション** ························

1. 比較表現の一覧

1.1 **so**＋原級＋**wie** は，両者が同じ程度であることを述べる場合に用います。

- ☐ Der Lehrer ist **so** alt **wie** mein Vater. 　　先生は私の父と同い年です ☐
- ☐ Er ist jetzt **so** alt, **wie** du damals warst.
  今，彼は当時の君と同じ年齢です ☐
- ☐ Komm **so** bald **wie** möglich! 　　できるだけ早く来てくれ！ ☐

  ＊so＋副詞＋wie möglich は，「可能な限り…」という，よく使われる言い回しです。

なお，「ちょうど…」と，同程度であることを強調する場合，**so** の代わりに **genauso** や **ebenso** を用います。

- ☐ Das Wetter ist heute **ebenso** schlecht **wie** gestern.
  きょうは昨日とまったく同じくらい天候が悪いです ☐

また，差が2倍の場合は **doppelt so**＋原級＋**wie**，3倍の場合は **dreimal so**＋原級＋**wie** のように，**so** の前に **doppelt**（または **zweimal**）や **dreimal** などを添えます。半分の場合は，**halb so**＋原級＋**wie** になります。

- ☐ Dieses Grundstück ist **doppelt so** groß **wie** das andere＊.
  この土地は，あの土地の倍の大きさです ☐

  ＊既に Grundstück が用いられているので，名詞 Grundstück が省略されています。
- ☐ Er verdient **dreimal so** viel **wie** ich. 　　彼は私の3倍稼ぎます ☐
- ☐ Der Mars ist *halb so **groß** wie* die Erde.
  火星は地球の半分の大きさです ☐

1.2 **nicht so**＋原級＋**wie** は，両者の程度の差を直接的に表さず，ただ同じ程度でないと述べる場合に用います。

- ☐ Hans ist **nicht so** dumm **wie** ich. 　　ハンスはおれ程バカじゃない ☐

1.3 **weniger**＋原級＋**als** は，程度がより低いことを表す場合に用います。

- ☐ Er ist jetzt **weniger** fleißig **als** früher.
  彼は今，以前ほど勤勉ではありません ☐
- ☐ Er arbeitet **weniger als** ich. 　　彼の仕事量は，私より少ないです ☐

1.4 **um**＋数量名詞（4格）＋比較級は，差幅を表す場合に用います。

❏ Er ist **um** ein Jahr älter als sie. 　　　彼は彼女より一つ年上です　❏

「もっと」，「ずっと」，「はるかに」というように，「差」を強調する場合は，比較級の前に **noch**, **viel**, **weit** などを添えます。

❏ Es ist heute **noch** wärmer als gestern. きょうは昨日よりずっと暖かです　❏
❏ Das Geschäft war damals **viel** besser als heute.
　　　　　　　　　　　　　　その店は当時，きょうよりずっとよかったです　❏
❏ Sie singt **weit** besser als er. 　　彼女は彼より歌がはるかに上手です　❏

なお，比較級の前に **immer** を付けると，「ますます…」という意味になります。

❏ Es wird **immer** kälter. 　　　　　　　　　　　ますます寒くなります　❏

1.5 **je**＋比較級, **desto**＋比較級は，「…であれば，それだけ…」というように，ある変化に連動して程度が変化することを表します。なお，je＋比較級は，副文ですので定形の動詞は文末に置かれます。

❏ **Je** früher du ***kommst***, **desto** mehr Zeit haben wir.
　　　　　　　　　　君が早く来ればそれだけ多くの時間が私たちにできます　❏

2. 絶対比較級，絶対最上級（絶対最高級と呼ぶこともあります）

特に他のものと較べて「より…」というのではなく，「比較的…」「かなり…」という意味で用いられる比較級を**絶対的比較級**と呼びます。

❏ Nächstes Jahr wollen wir eine **längere** Reise machen.
　　　　　　　　　　　来年私たちはちょっと長めの旅行をしようと思っています　❏

他のものと較べて「一番…」というのではなく，ただきわめて程度の高いことを表す最上級を**絶対的最上級**と呼びます。この場合，本来義務であった定冠詞を省くこともできます。

❏ Er übersieht nicht den **kleinsten** Fehler.
　　　　　　　　　　　　　　　彼はどんな小さな間違いも見落としません　❏
❏ Er ging in **höchster** Eile. 　　　　彼はとても急いで行きました　❏

次頁のコラムも参照。

実戦トレーニング

次の (1)～(9) の文で (　) の中に入れるのに最も適切なものを 1～4 のうちから選び，その番号を丸で囲みなさい。

(1) Der Mann hat gesagt, dass Wein in Japan doppelt so viel kostet (　) in Deutschland.
 1　ob 2　als 3　wie 4　denn
                     (2009 年秋)

(2) Nach Weihnachten werden die Tage (　) länger.
 1　immer 2　mehr 3　lieber 4　weniger

(3) Ich bin (　) Äußerste gespannt!
 1　ins 2　aufs 3　übers 4　ans

(4) Hans ist (　) drei Jahre älter als ich.
 1　ab 2　um 3　in 4　auf

(5) Der Jupiter ist (　) größte der Planeten.
 1　der 2　die 3　das 4　den

(6) Dieses Kind ist viel schlauer, (　) wir glaubten.
 1　wie 2　weil 3　als 4　denn

(7) Je mehr man hat, (　) mehr will man haben.
 1　je 2　ja 3　desto 4　viel

(8) Bier enthält nur (　) so viele Kalorien wie Milch oder Rotwein.
 1　voll 2　halb 3　voller 4　halbe

(9) (　) mehr er verspricht, desto weniger glaube ich ihm.
 1　Je 2　Ja 3　Umso 4　Viel

コラム

絶対比較級の ein **jüngerer** Mann「比較的若い男性」は，約 30 歳から 45 歳の男性を指し，ein junger Mann「若い男性」よりも年上ということになります。また，絶対比較級の ein **älterer** Mann「比較的年寄りの男性」は，50 歳から 65 歳位の男性を指し，ein alter Mann「年寄りの男性」よりも年下ということになります。

第3週 3日目

17日目（任意） 再帰表現のバリエーション

月　　日

対策問題

次の(1)(2)の（　）の中に入れるのに最も適切なものを下の1～4の中から一つ選び，その番号を解答欄に記入しなさい。

(1)　Der Vertrag verlängert (　　) automatisch.
　　1　es　　　2　man　　　3　einander　　　4　sich

(2)　In diesem Bett schläft (　　) sich schön.
　　1　er　　　2　sie　　　3　es　　　　　　4　Sie

解答欄　(1)　□　(2)　□

確認ポイント

- 再帰代名詞は，「自分を」「自分に」という意味を表す。
- 再帰代名詞は，動詞と熟語的に結びついて，決まった言い回しを作る。

解説と解答

(1) の **verlängern**（＜verlängert）は「…を延長する」という意味の他動詞。文頭の Vertrag は「契約」（1格）。文字通りに訳すと，「契約は…を延長する」。少しおかしいですね。verlängern は，再帰代名詞と熟語的に結びついて，「延長される」という決まった言い回しを作ります。したがって，正解は **4**。訳は「契約は自動的に延長されます」。

(2) の **schlafen**（＜schläft）は「眠る」という意味の自動詞。文字通りに訳すと，「このベッドでは…自分を (に) よく眠る」。全くおかしいですね。再帰代名詞は，**es**＋自動詞＋**sich**＋難易を表す形容詞（ここでは gut）＋前置詞句など（ここでは in diesem Bett）という組み合わせで，「…は…するのが…だ」という決まった言い回しを作ります。したがって，正解は **3**。訳は「このベッドはよく眠れます」。

再帰代名詞は，「自分を」「自分に」という意味で用いられる以外に，様々な熟語表現を作ります。66頁の sich＋本動詞＋lassen も参照してください。

対策学習 ……… 再帰表現のバリエーション ………………

1. 再帰代名詞

「自分を」「自分に」という意味で用いる代名詞を再帰代名詞と呼びます。再帰代名詞は，主語の人称・数に応じて形が異なり，3人称と2人称敬称で **sich** という特別な形を（単数複数ともに）用います。他は人称代名詞と同じです。

	1人称 単数	1人称 複数	2人称 親称 単数	2人称 親称 複数	2人称 敬称 単数複数	3人称 単数複数
3格	☐ mir	☐ uns	☐ dir	☐ euch	☐ sich	☐ sich
4格	☐ mich	☐ uns	☐ dich	☐ euch	☐ sich	☐ sich

- ☐ **Ich** wasche **mich** gründlich.　　　　私は念入りに身体を洗います ☐
  （←自分を洗う）
- ☐ **Du** musst **dir** die Zähne putzen.　　君は歯をみがかねばなりません ☐
  （←自分に歯をみがく）
- ☐ **Der Egoist** denkt zuerst an **sich** selbst.
  （←自分のことを考える）
  　　　　　　　　　利己主義者というものはまず自分のことを考えます ☐

2. 再帰動詞

再帰代名詞と熟語的に結びつき，決まった言い回しを作る動詞を再帰動詞と呼びます。

- ☐ **sich**[4] **setzen**　　　　　　　　　　　　　　　　　座る ☐
  （←自分を座らせる）
- ☐ Ich **setze mich** auf den Stuhl.　　　　私は椅子に座ります ☐
- ☐ **sich**[3] + 4格 + **vor|stellen**　　　　　　　　　　想像する ☐
  （←…⁴を自分の前に置く）
- ☐ Ich kann **mir** deine Freude gut **vorstellen**.
  　　　　　　　　　　　　　　　　君の喜びは十分に想像できます ☐

- **bei sich³ + 4格　haben**　　　　　　　　　持ち合わせている ☐
  (←…⁴を自分のところに持っている)
- Leider **habe** ich jetzt kein Geld **bei mir**.
  　　　　　　　残念ですが私は今お金を持ち合わせておりません ☐

3.　様々な再帰表現

3.1 状態変化を表す他動詞と **sich** は、「…になる」という自動詞的状態変化の表現を作ります。他動詞の目的語が主語になります。

- Die **Tür** *öffnet* **sich**.　　　　　　　　　ドアが開きます ☐
  (←「ドアは自分を開ける」)
  > 注　Er *öffnet* die **Tür**.　彼はドアを開けます。
- **Zucker** *löst* **sich** in Wasser *auf*.　　　　砂糖は水に溶けます ☐
  (←「砂糖は水の中で自分を溶かす」)
  > 注　Er löst **Zucker** *auf*.　彼は砂糖を溶かします。

【類例】
- Die Tür schließt **sich** wieder.　　　　　　ドアが再び閉まります ☐
  (←「ドアは自分を再び閉める」)
- Die Situation veränderte **sich** grundlegend.
  　　　　　　　　　　　　　　　状況は根本的に変わりました ☐
  (←「状況は自分を根本的に変えた」)
- Sein langjähriger Traum hat **sich** endlich erfüllt.
  　　　　　　　　　　　　彼の長年の夢がやっと実現しました ☐
  (←「彼の長年の夢は自分をやっと実現した」)

3.2 行為を表す他動詞と **sich** と 難易 を表す形容詞で、「…するのは〜だ」という意味を表します。他動詞の目的語が主語になります。

- Das **Lied** *singt* **sich** leicht.　　　　　　この歌は歌いやすい ☐
  (←「歌は自分を簡単に歌う」)
  > 注　Er *singt* das **Lied**.　彼はその歌を歌います。
- Dieses **Wort** *spricht* **sich** einfach *aus*.　　この単語は発音しやすい ☐
  (←「この単語は自分を簡単に発音する」)
  > 注　Er *spricht* das **Wort** *aus*.　彼はこの単語を発音します。

【類例】
- Das Buch verkauft **sich** gut. この本はよく売れます
 (←「本は自分をよく売る」)
- Diese Ware verkauft **sich** nur schlecht. この品は売れ行きがとても悪いです
 (←「この商品は自分を本当に悪く売る」)
- Das sieht **sich** ganz hübsch an. それは見た目がかわいいです
 (←「これは自分を本当にかわいく見る」)
- Sein Plan hört **sich** sehr gut an. 彼の計画は聞いた限りではとてもよさそうです
 (←「この計画は自分をとてもよく聞く」)

3.3 自動詞と es と sich と難易を表す形容詞は，前置詞句などの表す状況や場所や道具などの属性を表す表現を作ります．

- **Morgens** läuft *es sich angenehm*. 朝は走るのに気持ちがいいです
- **Aus diesem Glas** trinkt *es sich so schlecht*. このグラスはとても飲みにくいです
- **Nach diesen Methoden** arbeitet *es sich leicht*. この方法は仕事がしやすいです

> **コラム** 相互的用法
>
> 再帰代名詞は，複数の人を表す名詞を主語とし，相互的意味（「お互いに…する」）でも用いられます．
> - Sie umarmen **sich** zärtlich. 彼らはやさしく抱き合います
> - Die beiden verstehen **sich** sehr gut. 二人は互いに大変よく分かり合っています
> - Sie helfen **sich** gegenseitig. 彼らは互いに助け合います
> （注 3格の再帰代名詞）
>
> なお，この用法の場合，主語はふつう複数形ですが，単数形の主語と mit の前置詞句が用いられることがあります．
> - Sie treffen **sich** häufig. 彼らはよく会います
> - Er trifft **sich** häufig **mit** ihr. 彼はよく彼女と会います

実戦トレーニング

次の (1)〜(8) の文で (　) の中に入れるのに最も適切なものを 1〜4 のうちから選び，その番号を丸で囲みなさい。

(1) Das Konzept hört (　) gut an.
　　1　es　　　　2　man　　　　3　mir　　　　4　sich

(2) Du musst (　) die Hände waschen.
　　1　dich　　　2　dir　　　　3　sich　　　4　dein

(3) Ich treffe (　) morgen mit ihr in der Stadt.
　　1　mein　　　2　mich　　　3　sich　　　4　mir

(4) Auf der Autobahn fährt (　) sich angenehm.
　　1　es　　　　2　man　　　　3　ihr　　　　4　sich

(5) Es handelt sich dabei (　) ein schwieriges Problem.
　　1　an　　　　2　mit　　　　3　um　　　　4　zu

(6) Der Mensch kennt sich (　) am wenigsten.
　　1　einander　2　miteinander　3　selbst　　4　gegenseitig

(7) Man muss sich (　) helfen.
　　1　voneinander　2　miteinander　3　füreinander　4　gegenseitig

(8) Auf dem Lande (　) es sich gut leben.
　　1　kann　　　2　lässt　　　3　muss　　　4　hat

コラム

上の設問 (7) の主語 man は，「人は」とか「人々は」のように漠然と人を指すのに用いられる不定代名詞で，文中ではかならず小文字で書きはじめます。

　Von hier kann **man** das Schloss schon sehen.
　　ここからお城がもう見えます。

そして，主語が明らかに複数の人の場合でも用いることができます。ただし，その際も，動詞は 3 人称単数のままです。

　Nach der Sitzung geht **man** gemeinsam zum Essen.
　　会議後，みんな一緒に食事に行きます。

第3週 4日目

18日目(任意) 不定代名詞

月　　日

> **対策問題**　次の (1) (2) の (　) の中に入れるのに最も適切なものを下の1〜4の中から一つ選び,その番号を解答欄に記入しなさい。
>
> (1)　Beethoven ist (　) der größten Komponisten Deutschlands.
>
>   1　einer　　2　eines　　3　einem　　4　einen
>
> (2)　Das wird kaum (　) erfreulich finden.
>
>   1　einer　　2　eines　　3　einem　　4　einen
>
> 　　　　　　　　　　　　　解答欄　(1) □　　(2) □

確認ポイント

☐ 不定冠詞には,**名詞を伴わない**独立的用法がある(不定代名詞としての用法)。

解説と解答

(1) の der größten Komponisten は,複数の2格形。したがって「A ist B」のBにはなれません。選択肢は,**不定冠詞の格変化形**。複数形の名詞が男性名詞の場合(Komponist「作曲家」は男性名詞),「einer＋複数形2格」で,「…のうちの一人」という意味になります。Komponist は男性名詞なので,(　) に入るのが einer になるのです(男性1格)。**正解は1**。訳は「ベートーヴェンはドイツ最大の作曲家の一人です」。

(2) の **finden** は「…を見つける」「…を〜と思う」という意味の他動詞。主語は人。そうすると,文頭の Das は,主語になりえないので,選択肢が**この文の主語**ということになります。選択肢で主語になりうるのは **einer**。したがって,**正解は1**。訳は「そのことをほとんどの人は喜ばしいことだと思わないでしょう」。kaum einer で「ほとんどの人は…でない」。

> この種の出題に対する対策は,やはりドイツ語文法を一つひとつ着実に学ぶことですね。(2) は難問ですね。

対策学習　不定代名詞

1. 独立的に用いられる不定冠詞

1.1 不定冠詞は，後ろに来る名詞が文脈からはっきりしている場合，**名詞を省いて用いることができます。**

- Ich habe keinen **Bleistift**. Hast du **einen**?　　　　（＝男性名詞）
  私は鉛筆を持っていません。君は持っているかい？
- Hast du noch **Ansichtskarten**? — Ja, aber nur **eine**.　（＝女性名詞）
  まだ絵葉書を持っていますか？―はい，でも1枚だけです
- Er hat sich ein **Auto** gekauft. Wir haben uns auch **eins** angeschafft.
  　　　　　　　　　　　　　　　　　　　　　　　　　（＝中性名詞）
  彼は自動車を買いました。私たちも一台購入しました

不定冠詞 ein がこのように独立的に用いられる場合，**dieser** と同じ変化をします。すなわち，**男性1格**が (ein でなく) **ein**er，**中性1・4格**が (ein でなく) **ein**es になるのです。ただし，eines はしばしば e が落ちて **eins** となります。

　　男性1格　einer　　　中性1格　ein[e]s
　　　　　　　　　　　　　4格　ein[e]s

なお，**複数形の2格名詞**を伴って用いられることがよくあるので，その例をいくつか挙げておきましょう。

- Sie ist **eine** der beliebtesten **Sängerinnen**.　（Sängerin は女性名詞）
  彼女は最も人気のある女性歌手の一人です
- Einsamkeit ist **eines** der großen **Probleme** unserer Zeit.
  　　　　　　　　　　　　　　　　　　　　　（Problem は中性名詞）
  孤独は我々の時代の大きな問題の一つです

1.2 男性形 einer は，名詞の省略した形としての上例よりさらにもう一歩進み，「誰かある人」あるいは「人」という一般的な意味でも用いられます。

- Da hat **einer** geklopft.　　　　　その時誰かがドアをノックしました
- So **einen** kann ich nicht leiden.　そういう人は私は好きになれません
- Er hat **einem** geschrieben.　　　彼はある人に手紙を書きました
- Das soll **einer** wissen !　そのぐらいのことは知っておくべきことだ！

> 注 einer には，複数形がないのかという疑問が生じるかも知れません。あまり用いられることはありませんが，welche が einer の複数形として用いられます：An der Haltestelle stehen **welche** und warten auf den Bus.「停留所に人が何人か立っていて，バスを待っています」。

この意味は，一般的な意味で「人」を表す **man** と同じです（99 頁のコラムも参照）。ただし，man は，二度目に用いられる時でもあくまで man の形のままですが，**einer** は，二度目に用いられる時，er に書き換えられます。

- Wenn **man** erkältet ist, soll **man** im Bett bleiben.
  風邪を引いているときはベッドで安静にしているべきです
- Wenn **einer** erkältet ist, soll **er** im Bett bleiben.
  風邪を引いているときはベッドで安静にしているべきです

なお，man には，2 格・3 格・4 格の形がないため，einer の格形を代用します。

- Was **man** nicht weiß, macht **einen*** nicht heiß.
  知らぬが仏（←人が知らないことはその人を熱くしない）

*主語 man の 4 格

1.3 否定冠詞 kein も，不定冠詞 ein と同じように，独立的に「誰も…ない」という意味で用いられます。その際，dieser と同じ語尾を付け，以下のように格変化をします。

〈独立的用法 keiner の格変化形〉

  1 格 **keiner** 2 格 **keines** 3 格 **keinem** 4 格 **keinen**

- **Keiner** will die Arbeit tun. 誰もその仕事をやりたがりません
- Ich habe **keinen** getroffen. 私は誰にも会いませんでした

> 注 独立的に用いられる keiner と同じように，不定代名詞 niemand (jemand「誰かある人」の否定形) も，「誰も…ない」という意味で用いられます（1 格 niemand, 2 格 niemandes, 3 格 niemandem, 4 格 niemanden）。
>
> Das weiß **niemand** besser als er.
> そのことを彼よりよく知っている人はいません。
>
> Ich habe heute den ganzen Tag mit **niemandem** gesprochen.
> 私はきょう一日中誰とも話をしませんでした。

実戦トレーニング

次の (1)〜(6) の文で (　) の中に入れるのに最も適切なものを 1〜4 のうちから選び，その番号を丸で囲みなさい。

(1) Wenn (　) während der Prüfung schlecht wird, kann man das Zimmer verlassen.
 1　dem 2　einem 3　welchem 4　man
(2008 年秋)

(2) Wenn (　) nichts zu sagen hat, soll er lieber schweigen.
 1　ein 2　einer 3　eines 4　man

(3) (　) der Studenten hat den kranken Lehrer besucht.
 1　Einer 2　Eine 3　Der 4　Die

(4) (　) muss ich dir sagen.
 1　Einer 2　Eine 3　Eines 4　Einen

(5) Will (　) von euch mitkommen?
 1　kein 2　keiner 3　keinem 4　keinen

(6) Wenn man Fieber hat, soll (　) nicht baden.
 1　er 2　einer 3　welchem 4　man

コラム

定冠詞も，以下のように，指示代名詞として，名詞を伴わずに用いられることがあります。

 Diese Krawatte gefällt mir. **Die** nehme ich.
  このネクタイは気に入りました。これにします。

口語では，人称代名詞の代わりとしても用いられます。

 Wo ist Sabine? — **Die** ist zum Arzt gegangen.
  ザビーネはどこ？―彼女は医者のところに行ったよ。

なお，指示代名詞として用いられる場合，男性・中性の 2 格，女性・複数の 2 格，複数の 3 格がそれぞれ **dessen**, **deren**, **denen** という形になることも確認しておいてください（文体としては文語的）。

 Ich habe heute meinen Freund und **dessen** Freundin getroffen.
  私はきょう友人と彼のガールフレンドに会いました。

第3週 5日目

19日目（任意） 注意すべき格の用法と前置詞の格支配

月　　日

> **対策問題**　次の(1)(2)の（　）の中に入れるのに最も適切なものを下の1〜4の中から一つ選び，その番号を解答欄に記入しなさい。
>
> (1)　Er reist immer (　　) Klasse.
>   1 erste　　2 erster　　3 erstem　　4 ersten
>
> (2)　Wir sind endlich auf (　　) Marktplatz angekommen.
>   1 den　　2 die　　3 der　　4 dem
>
> 解答欄　(1) □　　(2) □

確認ポイント

- 2格と4格は，<u>副詞的にも</u>用いられることがある。
- <u>方向を表す</u>と考えられる場合でも，3・4格支配の前置詞が<u>3格</u>と結びつくことがある。

解説と解答

(1) を訳せるだけ訳すと，「彼はいつも…Klasse…旅行をする」。考えられる意味は「1等で」。「1等で」という<u>副詞的意味</u>を表すのは<u>2格</u>。したがって，（　）の中に入るのは女性・単数・2格。2格になるのは，**erster** のみなので，<u>正解は2</u>。訳は「彼はいつも一等で旅行をします」。

(2) を訳すと，「私たちはやっと（市の立つ）広場に着きました」。auf は<u>3・4格支配</u>。ふつう<u>方向ならば4格</u>，<u>場所なら3格</u>。しかし，動詞 ankommen (< angekommen「…に着く」) は，方向を表すと考えられますが，3格と結びつくのです。Marktplatz は男性名詞（単数）。したがって，（　）に入るのは男性・単数・3格。<u>正解は4</u>。

> 格の中でも，3格は多様な使われ方をするので，要注意です。2格と4格は，副詞的用法をしっかり押さえておきましょう。

対策学習 ・ 注意すべき格の用法と前置詞の格支配

1. 注意すべき格の用法
1.1　2格
(a) 述語的用法
- ☐ Der Lehrer ist heute **guter Laune**.　　先生はきょう機嫌がよいです ☐
- ☐ Früher war er **anderer Meinung**.　　以前彼は考えが違っていました ☐
- ☐ Ich bin **einer Meinung** mit dir.　　私は君と意見が同じです ☐

(b) 副詞的用法
- ☐ **Eines Tages** fuhr er in die Stadt.　　ある日彼は町に出かけました ☐
- ☐ Es regnete **des Abends**.　　その晩は雨が降りました ☐

1.2　3格
(a)「…から」を表す3格
- ☐ Der Taschendieb klaute **dem Touristen** den Pass.
　　　　　　　　　スリは旅行者から旅券を盗みました ☐
- ☐ **Ihm** wurde der Führerschein weggenommen.
　　　　　　　　　彼は運転免許証を取り上げられてしまいました ☐

(b) 所有の3格
主語や目的語などで表されるものと所有関係にある人を表します。

・主語との所有関係
- ☐ **Die Wunde** tut **mir** weh.　　私は傷が痛みます ☐
- ☐ **Meinem Vater** schmerzt **der Kopf**.　　私の父は頭が痛いといいます ☐

・4格目的語との所有関係
- ☐ Die Mutter wäscht **dem Kind** **die Hände**.
　　　　　　　　　母親は子供の手を洗ってやります ☐
- ☐ Der Arzt reinigt **dem Patienten** **die Wunde**.
　　　　　　　　　医者は患者の傷口を消毒します ☐

・前置詞句との所有関係
- ☐ Er sieht **dem Kind** **in die Augen**.　　彼は子供の目を見ます ☐
- ☐ Er klopft **dem Kollegen** **auf die Schulter**.　彼は同僚の肩をたたきます ☐

(c) 利害の 3 格
利害関係の成り立つ人物を表します。
- ❏ Er öffnet **der Frau** die Tür.　　彼は女性のためにドアを開けてやります ❏
- ❏ **Mir** ist die Kanne heruntergefallen.　私はポットを落してしまいました ❏

(d) 判断の 3 格
判断の基準になる人を表します。
- ❏ Die Aufgabe ist **dem Schüler** zu schwer.
　　　　　　　　　　　　課題はその生徒には難しすぎます ❏
- ❏ Dieses Problem ist **meinem Freund** wichtig.
　　　　　　　　　　　この問題は私の友人にとって重要です ❏

(e) 関心の 3 格
話し手の関心あるいは聞き手の関心を表します。人称代名詞に限定されています。
- ❏ Komm **mir** ja nicht zu spät!　　　　　遅れないでね！ ❏
- ❏ Fall **mir** nicht!　　　　　　　　　　転ばないでね！ ❏

1.3　4 格

(a) 副詞的用法（時間）
- ❏ Ich lerne **jeden Tag** Deutsch.　　私は毎日ドイツ語を勉強します ❏
- ❏ Es schneite **den ganzen Tag**.　　一日中雪が降りました ❏

(b) 不定詞の意味上の主語
- ❏ Er hört **den Hund** bellen.　　彼は犬が吠えるのを聞きます ❏
- ❏ Lass **ihn** doch schlafen!　　彼は眠らせておきなさい！ ❏

2.　「出現・消滅」を表す動詞における 3・4 格支配の前置詞

　3・4 格支配の前置詞は，方向を表す場合は 4 格と，場所を表す場合は 3 格と結びつきます。ただし，「出現・消滅」を表す動詞の場合，前置詞句は，方向を表しているように感じられますが，3 格と結びつくものが多くあります。
- ❏ Das Flugzeug **landete gerade auf dem** Flughafen.
　　　　　　　　　　　飛行機はただ今空港に着陸しました ❏
- ❏ Er **versteckt sich hinter einem** Baum.　彼は木の後ろに隠れます ❏

実戦トレーニング

次の (1) ～ (10) の文で（　）の中に入れるのに最も適切なものを 1～4 のうちから選び，その番号を丸で囲みなさい。

(1) In der überfüllten Straßenbahn wurde (　) das Geld gestohlen.
　　1　ich　　　　2　meiner　　　3　mich　　　　4　mir
　　　　　　　　　　　　　　　　　　　　　　　　　　　(2011 年春)

(2) Ich kaufe (　) ein Fahrrad.
　　1　mein Sohn　　　　　　2　meines Sohnes
　　3　meinem Sohn　　　　　4　meinen Sohn

(3) Anke hört (　) Klavier spielen.
　　1　ihr Sohn　　2　ihres Sohnes　3　ihrem Sohn　4　ihren Sohn

(4) (　) Woche fährt mein Freund nach Italien.
　　1　Nächst　　2　Nächste　　3　Nächster　　4　Nächsten

(5) (　) wurde gestern sein Portemonnaie gestohlen.
　　1　Er　　　　2　Sie　　　　3　Ihn　　　　4　Ihm

(6) Der Chef ist heute (　) Laune.
　　1　schlecht　2　schlechte　3　schlechter　4　schlechten

(7) Das Zimmer ist (　) groß genug.
　　1　sein　　　2　unser　　　3　ihr　　　　4　ihn

(8) Er ist (　) Nationalität.
　　1　japanisch　2　japanischer　3　japanischem　4　japanische

(9) Das Raumschiff landete wieder auf (　) Erde.
　　1　den　　　　2　die　　　　3　der　　　　4　dem

(10) Wir sind um 5 Uhr (　) Hause angekommen.
　　1　für　　　　2　zu　　　　3　zum　　　　4　in

> **コラム**
>
> eines Tages は，「ある日のこと」という副詞的意味の 2 格。であるならば，「ある夜のこと」という副詞的意味の 2 格は einer Nacht ということになるはずですが，この場合は，男性名詞扱いで，eines Nachts になります。

> **コラム** 日独の表現上の相違

☆ドイツ語の Ich bin gleich wieder da. を日本語に訳すと，どうなりますか？「私はすぐに再びここにいます」と訳すと，何かおかしいですね。これは，「すぐにまた戻って来ます」と言うときの決まった言い回しです。戻って来れば（行為の過程），再びここにいる（結果の状態）ことになりますし，再びここにいるということは，戻って来るという行為がすでにあったことを意味しますので，結局は同じことなのですが…。ドイツ人は「結果の状態」，日本人は「行為の過程」を重視するわけですね。

☆ドイツ語の Sie hören nächste Woche von mir. を日本語に訳すと，どうなりますか？「あなたは来週私から聞きます」と訳すと，何かおかしいですね。これは，「来週，連絡を差し上げます」と言うときの決まった言い回しです。連絡する立場の人が連絡をすれば，連絡を受ける立場の人は連絡を聞くことになります。この場合も，ドイツ人は「連絡を聞く」という結果の側面を，日本人は「連絡をする」という行為の側面を重視しているわけですね。

☆以下の2つの文の色刷りの太字の語句とその訳をよく見てくれますか？

　　Er grübelt immer noch über **das gestohlene Portemonnaie**.
　　　彼は盗まれたさいふのことをいつまでもくよくよ考えている。
　　Der Dieb hat **das gestohlene Portemonnaie** weggeworfen.
　　　泥棒は盗んださいふを捨てた。

ドイツ語文では，ともに das gestohlene Portemonnaie という同じ表現が使われていますが，日本語訳として，前者の場合に「盗んだ さいふについて」，後者の場合に「盗まれた さいふを捨てる」と訳したら，文意がおかしくなりますね。要は，ドイツ語の場合，さいふは，あくまで stehlen されたのですから，das gestohlene Portemonnaie と言えばいいのですが，日本語の場合は，被害者の側から見るのか，泥棒の側から見るのかを決めて，「盗まれたさいふ」とするか，「盗んださいふ」とするかを決めるわけです。

☆これらの例は，友人から教えてもらった日独の表現上の相違なのですが，みなさんもこれから長文読解，長文聴解の問題と取り組むようになると，このような日独の表現上の相違に直面することになります。

第5章

長文読解（短いテキスト）

20 日目　長文読解（短いテキスト）― A
21 日目　長文読解（短いテキスト）― B

第5章　長文読解（短いテキスト）

《はじめに》

　この章で取り上げる大問5は，本格的な長文読解への橋渡しとされ，次の大問6よりも短い，平易なドイツ語を使用したテキストが2問出題されます。しかし，平易なテキストと言っても，当然，使用される語彙や熟語的な言い回しも多くなり，語彙力などの重要性が増しています。

　なお，長文問題に取りかかる際に，注意しておいた方がよい点を2つ挙げておきます。その一つは，同格表現などの挿入語句による見た目が長い文があるということです。たとえば，

> sich Ludwig van Beethoven, einer der bekanntesten Komponisten seiner Zeit, zum Vorbild nehmen

という文を目の前にすると，何となく難しそうな感じがしますが，要は，「彼の時代の最もよく知られていた作曲家ルートヴィヒ・ヴァン・ベートーヴェンを模範にする」，すなわち「ベートーヴェンを模範にする」ということなのです。
　長文を読む時のポイントは，筋を追う上で不必要な部分をどう見分けるか（どう「無視する」か）だと思います。

　もう一つは，文頭に主語以外の語句が現れることが多くあるということです。文法事項などの知識を問う短文の場合，文脈がないため，ふつう主語が文頭に置かれますが，長文では，文脈が問題になり，文頭に様々な語句が置かれるのです。たとえば，以下は，形容詞や副詞が文頭に置かれた事例です。

Besonders problematisch ist …	特に問題なのは…
Am wenigsten geliebt werden …	最も好かれていないのは…

　長文の出題は，大意をいかに正しくかつ速く把握できるかを試すものですが，基本は，やはりドイツ語がしっかり読めるかどうかです。したがって，まずは受験本番のつもりで解答してみた後，それだけで良しとせずに，解説と解答を参照しながら，自分がドイツ語の何が分かっていて，何が分かっていないのかを確認するのが一番の対策だと思います。

20日目 長文読解（短いテキスト）― A

対策問題 次の文章を読んで，それぞれの内容に最も合うものを 1〜3 のうちから一つ選び，その番号を解答欄に記入しなさい。

Der Zugang zur Bildung sollte für alle Menschen gleich sein. Leider sieht die Realität anders aus.

Laut einer Studie der Bertelsmann-Stiftung und der Universitäten Dortmund und Jena haben sich die Bildungschancen an den deutschen Schulen kaum verbessert. So sei der schulische Erfolg der Kinder weiter von der sozialen Herkunft der Eltern abhängig.

Kritisiert wird, dass der Ausbau der Ganztagsschulen, die den Einfluss der sozialen Herkunft verringern sollen, nur langsam vorangeht. Nur 13 Prozent aller Schüler besuchen eine solche Schule.

Außerdem gebe es große Unterschiede zwischen den Bundesländern. So sei die Anzahl derer, die die Schule ohne Abschluss beenden, in Mecklenburg-Vorpommern mit 13,3 Prozent fast dreimal so hoch wie im Saarland mit 4,8 Prozent. In Bayern sei der Abstand zwischen Schülern oberer und unterer sozialer Schichten doppelt so groß wie der in Sachsen. In Nordrhein-Westfalen würden die Berechtigung zu studieren fast 60 Prozent der Schüler erhalten, in Sachsen-Anhalt nur 37.

1 Die soziale Herkunft entscheidet über den Bildungserfolg eines Kindes. Nur 13 Prozent der Schüler bekommen die Chance zu studieren.
2 Der Bildungserfolg ist abhängig von der sozialen und regionalen Herkunft eines Kindes.
3 Die Bildungschancen in Deutschland haben sich noch nicht verbessert. So ist der Ausbau der Ganztagsschulen von den Bundesländern abhängig.

解答欄

> 解説と解答

正解は **2** です。以下，簡単な文法的解説と，出題のドイツ語文および選択肢の訳を載せます。

《出題のドイツ語文》

▶ Der **Zugang** zur Bildung **sollte** für alle Menschen gleich sein.
> 注 Zugang は「近づく可能性，権利」。sollte は接続法第 2 式。望ましい事が実現していないことに関して，「本当は…であるべきだ」という意味。
> 訳 教育への機会はすべての人間にとって同じであるべきです。

▶ Leider **sieht** die Realität anders **aus**.
> 注 sieht … aus は aus|sehen「(…の) ように見える」。
> 訳 残念ながら，現実は異なっているように見えます。

▶ **Laut** einer Studie der Bertelsmann-Stiftung und der Universitäten Dortmund und Jena haben **sich** die Bildungschancen an den deutschen Schulen kaum **verbessert**.
> 注 laut は「(…に) よると」という意味の前置詞。固い書き言葉でよく用いられます。sich⁴ verbessern は「改善される」。
> 訳 ベルテルスマン基金，ドルトムント大学，イェーナ大学の調査によると，ドイツの学校における教育機会の改善は，ほとんどなされていません。

▶ **So** sei der schulische Erfolg der Kinder weiter **von** der sozialen Herkunft der Eltern **abhängig**.
> 注 主文がない間接話法 (＝独立的間接話法；114 頁の【コラム】参照)。調査の内容を示します。so は「たとえば」。sei は，間接話法の接続法第 1 式。von ＋ 3格 abhängig sein は「…³に左右されている」。
> 訳 たとえば子供たちの学校での成果は今なお両親の社会的出身に左右されているとのことです。

▶ **Kritisiert wird, dass** der Ausbau der Ganztagsschulen, die den Einfluss der sozialen Herkunft verringern sollen, nur langsam vorangeht.
> 注 Dass … vorangeht は，wird kritisiert (受動形) の主語。本文は，この dass 文を末尾に持って行き，過去分詞 kritisiert を文頭に移したものです。
> 訳 批判されているのは，社会的出身の影響を軽減すべき全日制学校の拡充がまったく遅々として進まないことです。

▶ Nur 13 **Prozent aller Schüler** besuchen eine solche Schule.
　注 aller Schüler は複数 2 格。Prozent の複数形は，数字と結びつく場合，無語尾です（Prozente にならず，単数と同形）。しかし，動詞の定形は複数形。
　訳 全生徒の 13% のみがこのような学校に通っています。

▶ Außerdem **gebe es** große Unterschiede zwischen den Bundesländern.
　注 独立的間接話法。gebe は接続法第 1 式。es gibt ＋ 4格 は「…⁴がある」。
　訳 さらに州の間にも大きな差異があるとのことです。

▶ So **sei** die Anzahl **derer**, die die Schule ohne Abschluss beenden, in Mecklenburg-Vorpommern mit 13,3 Prozent fast **dreimal so** hoch **wie** im **Saarland** mit 4,8 Prozent.
　注 独立的間接話法。derer は，後続する関係文を受ける指示代名詞（複数 2 格；「…するところの人の…」）。dreimal so ～ wie … で「…の 3 倍～」。なお，州名の Saarland は中性名詞扱い。定冠詞を付けて用います。
　訳 たとえば学校を退学する生徒はメクレンブルク・フォアポンメルン州では 13.3% で，ザールランド州の 4.8% のほぼ 3 倍になるとのことです。

▶ Der Abstand zwischen den Schülern der oberen und unteren Schichten in Bayern sei **doppelt so** groß **wie** der in Sachsen.
　注 doppelt so ～ wie … で「…の 2 倍～」。wie der in … の der は，Abstand を受けます（der Abstand の名詞を省略した定冠詞の独立的用法）。
　訳 階層上位の生徒と階層下位の生徒の能力的差異は，バイエルン州ではザクセン州の倍になるとのことです。

▶ In Nordrhein-Westfalen **würden** die **Berechtigung zu studieren** fast 60 Prozent der Schüler **erhalten**, in Sachsen-Anhalt nur 37 erhalten.
　注 間接話法。erhalten だと，直説法の形と同じ。würden … erhalten となっているのは間接語法であることを示すため。zu 不定詞句（zu studieren）は，Berechtigung「資格」を修飾。
　訳 ノルトライン・ヴェストファーレン州ではほぼ 60% が大学に行ける資格を得るのに対して，ザクセン・アンハルト州ではたった 37% とのことです。

《選択肢のドイツ語文》

☆ 選択肢 1：

Die soziale Herkunft entscheidet über den Bildungserfolg eines Kindes. Nur 13 Prozent der Schüler bekommen die Chance zu studieren.

社会的にどの出身であるかが子供の教育上の成果について決定的です。子供たちの13％のみが大学に進学する機会を得ます。

☆ 選択肢 2：

Der Bildungserfolg ist abhängig von der sozialen und regionalen Herkunft eines Kindes.

教育上の成果は，子供が社会的そして地域的にどの出身であるかに左右されています。

☆ 選択肢 3：

Die Bildungschancen in Deutschland haben sich noch nicht verbessert. So ist der Ausbau der Ganztagsschulen von den Bundesländern abhängig.

ドイツでの教育上の機会はまだ改善されていません。それは，全日制学校の拡充がそれぞれの州次第だからなのです。

コラム 独立的間接話法

接続法第１式の間接話法は，ふつう，Er sagte, … 「彼は…と言った」というような，発話を導入する文を伴います。

Er sagte, er wolle ihr schreiben.
彼は彼女に手紙を書くつもりだと言いました。

しかし，間接話法の文は，発話を導入する文を伴ずに，独立して用いられることがあります。その際，定形の動詞は，主文のように，第２位に置きます。

Der Chef hat heute morgen gesagt, er **mache** nächstes Jahr eine Dienstreise nach Europa. Er **besuche** Deutschland und England.
上司は今朝，来年ヨーロッパへ出張に行くと言った。ドイツとイギリスを訪ねるそうだ。

● 楽しく読んでみよう（訳は別冊を参照）●

Am Ufer eines Sees macht ein Mädchen einen Spaziergang. Da findet sie einen Fisch, den die Wellen ans Land gespült haben.

Sie wirft den Fisch ins Wasser zurück, und da sagt der Fisch mit menschlicher Stimme zu ihr: „Zum Dank dafür, dass du mir das Leben gerettet hast, will ich dir drei Wünsche erfüllen."

„Nicht schlecht", sagt sie: „Ich möchte gern das schönste Mädchen auf der Welt sein."

Der Fisch sagt: „Du bist es bereits. Nun der zweite Wunsch."

„Ja", sagt sie, „ich bin auch ein ziemlich armes Mädchen, und so wünsche ich mir, dass sich mein Haus in Gold verwandelt."

„Auch dieser Wunsch ist bereits in Erfüllung gegangen", sagt der Fisch.

Nun fehlt noch die Liebe, und so sagt sie: „Als Drittes wünsche ich mir, dass sich mein kleiner schwarzer Hund zu Hause in einen sympathischen jungen Mann verwandelt, der sich in mich verliebt."

Und da sagt der Fisch: „Geh nach Hause, deine Wünsche sind alle in Erfüllung gegangen."

Das Mädchen läuft nach Hause. Schon von weitem sieht sie ihr goldenes Haus und, an den Fensterscheiben vorübergehend, spiegelt sie sich darin und bemerkt, dass sie bildschön geworden ist. Als sie das Haus betritt, kommt tatsächlich ein sympathischer junger Mann auf sie zu.

Glaubt ihr, dass so etwas möglich ist?

21日目 長文読解（短いテキスト）— B

対策問題 次の文章を読んで，それぞれの内容に合うものを 1〜3 のうちから一つ選び，その番号を解答欄に記入しなさい。

♪4

Der Fuji! Der Berg aller Berge.
In Japan heißt es, er sei der schönste Berg der Welt. Ein mystischer Ort, an dem man sich selbst finden kann. Jeder Japaner sollte ihn mindestens einmal im Leben besteigen. Er ist das wichtigste Symbol Japans. Er steht für Schönheit und Kraft, aber auch dafür, dass man die Natur nicht niederzwingen kann.
Von ihm gehen spirituelle Kräfte aus, sagt man. Nun wurde beschlossen, dem Fuji den Titel eines Weltkulturerbes zu verleihen. Doch einige sehen dies mit gemischten Gefühlen. Denn um den Fuji herum gibt es Berge. Berge von Müll. Ken Noguchi, Bergsteiger, sieht es als seine Aufgabe, den Müll zu beseitigen. Er und viele andere freiwillige Helfer sammeln Überreste rund um den Fuji ein.
Herr Noguchi hat Angst, dass die Entscheidung, den Fuji zum Weltkulturerbe zu erheben, weniger dem Schutz des Berges dient, sondern viel mehr dem Geschäft. Das würde heißen, noch mehr Touristen und noch mehr Dreck.

1. Der Fuji hat ein Müllproblem. Damit er den Titel eines Weltkulturerbes bekommen kann, muss der Müll beseitigt werden.
2. Durch den Titel Weltkulturerbe werden mehr Touristen kommen und somit soll der Schutz des Berges stärker werden.
3. Dass dem Fuji der Titel eines Weltkulturerbes zugesprochen wurde, wird nicht von allen Japanern als positive Nachricht aufgefasst.

解答欄 ☐

解説と解答

正解は **3** です。以下，前日と同じように，単に大意が取れたかどうかでなく，出題文を正しく訳せたかどうかもチェックしてください。

《出題のドイツ語文》

▶ **Der** Fuji! Der Berg **aller Berge**.
- 注 富士山はこの世に一つしかないため，定冠詞が付きます（Sonne「太陽」も同じ）。定冠詞が男性名詞なのは，対応するドイツ語 Berg「山」が男性名詞のため。aller Berge は複数 2 格。das Buch der Bücher「本の中の本」は何だか知っていますか？ 聖書のことです。
- 訳 富士山！ すべての山の中の山。

▶ In Japan **heißt es**, **er sei** der schönste Berg der Welt.
- 注 es heißt …「…と言われている」は，決まり文句。後続の sei は，接続法第 1 式。er は der Fuji を受ける人称代名詞。
- 訳 日本では，富士山が世界で一番美しい山であると言われています。

▶ Ein mystischer Ort, an **dem** man sich selbst finden kann.
- 注 an dem の dem は，Ort を先行詞とする関係代名詞（男性・単数・3 格）
- 訳 自分を見つけることができる神秘的な場所。

▶ Jeder Japaner **sollte** ihn mindestens einmal im Leben besteigen.
- 注 sollte は sollen の接続法第 2 式「…すべきである」。
- 訳 すべての日本人は，富士山を少なくとも人生に一度は登るべきでしょう。

▶ **Er** ist das wichtigste Symbol **Japans**.
- 注 Japan のような固有名詞は，語尾 -s を付けて，2 格形「…の」を作ります。Japans Symbol のように，名詞の前に置くこともできます。Er は，富士山を受けています。
- 訳 富士山は日本の最も重要なシンボルです。

▶ Er **steht für** Schönheit und Kraft, aber auch **dafür**, dass man die Natur nicht niederzwingen kann.
- 注 für + 4格 stehen は「…を象徴する」。dafür の da- は，後続する dass 文を受けます。

▶ 訳 富士山は美と力の，そして，人は自然を力ずくで征服できないということの象徴でもあります。

▶ Von **ihm** gehen spirituelle Kräfte aus, sagt man.
注 ihm（3格）は富士山のこと。事物を受ける人称代名詞と前置詞は，davon のような結合形を作ると言われます。事物を強調する場合，このように，前置詞と人称代名詞を離して書きます。
訳 富士山からは霊的な力が出ていると人が言います。

▶ Nun wurde **beschlossen**, dem Fuji den Titel eines Weltkulturerbes **zu verleihen**.
注 zu 不定詞句は，本来，主文の動詞 beschließen（＜beschlossen）の4格目的語。この文では，主語になっています。
訳 今，富士山に世界文化遺産のタイトルを与えることが決定されました。

▶ Doch **einige** sehen dies mit gemischten Gefühlen.
注 einige は，einige Menschen の名詞を省略したもの。
訳 しかし，一部の人は，このことを複雑な気持ちで眺めています。

▶ **Denn um** den Fuji **herum** gibt es Berge. Berge von Müll.
注 denn は「と言うのは」。um＋4格 herum は「…⁴の周りに」。
訳 と言うのは，富士山の周りにはたくさんの山々があるのです。ゴミの山々。

▶ Ken Noguchi, **Bergsteiger, sieht** es **als** seine Aufgabe, den Müll zu beseitigen.
注 Bergsteiger「登山家」は，Ken Noguchi の同格表現。4格＋als ～ sehen は「…⁴を～と見なす」。この文では，4格は es ですが，この es は後続の zu 不定詞句を受けます。
訳 登山家ケン・ノグチは，ゴミを取り除くことを自分の使命だと見ています。

▶ Er und viele andere freiwillige Helfer sammeln Überreste **rund** um den Fuji ein.
注 rund は「ぐるっと（一周り）」。
訳 彼と多くの他のボランティアは，富士山の周りの廃棄物を拾い集めます。

▶ Herr Noguchi hat **Angst**, **dass** die **Entscheidung**, den Fuji zum Weltkulturerbe **zu** erheben, weniger dem Schutz des Berges dient, sondern viel mehr dem Geschäft.

- 注 dass 文 (*dass die Entscheidung …*) は，名詞 Angst「不安」の内容を限定し，また，zu 不定詞句 (*den Fuji … zu erheben*) は，名詞 Entscheidung「決定」を限定しています。dass 文と zu 不定詞句が名詞を規定する表現がたびたび使用されます。
- 訳 ノグチ氏は，富士山を世界文化遺産に昇格させるという決定は，山の保全よりもずっと商業的側面を活発化するのではないかと心配しています。

▶ **Das würde heißen**, noch mehr Touristen und noch mehr Dreck.
- 注 Das würde heißen, … (Das hieße … とも言いますが) は，前言の内容を控えめに言い換える際に用いる決まり文句です。
- 訳 すなわちずっと多くの旅行者がやって来て，ずっと多くのゴミが生じてしまうということになるのではないかということです。

《選択肢のドイツ語文》

☆ 選択肢 1:

Der Fuji hat ein Müllproblem. Damit er den Titel eines Weltkulturerbes bekommen kann, muss der Müll beseitigt werden.
富士山はゴミ問題を抱えています。富士山が世界文化遺産のタイトルを得ることができるためには，ゴミは，取り除かなければなりません。

☆ 選択肢 2:

Durch den Titel Weltkulturerbe werden mehr Touristen kommen und somit soll der Schutz des Berges stärker werden.
世界文化遺産のタイトルによってより多くの旅行者が来るでしょうから，同時に山の保全は，より強固にすべきです。

☆ 選択肢 3:

Dass dem Fuji der Titel eines Weltkulturerbes zugesprochen wurde, wird nicht von allen Japanern als positive Nachricht aufgefasst.
富士山に世界文化遺産のタイトルが認められたことは必ずしもすべての日本人によって肯定的な知らせとは受けられてはいません。

♪5

Hund:	Wau, wau, ich friere!
Katze:	Miau, miau, mich friert!
Schwein:	Grunz, grunz, mir ist auch kalt!
	Wollen wir nicht ein bisschen zusammenrücken?
Hund/Katze:	Ja, das ist keine schlechte Idee!
Hund:	Wau, wau, es stinkt abscheulich!
Katze:	Miau, miau, hier stinkt es wie die Pest*!
Schwein:	Grunz, grunz, ihr stinkt nach Fisch!
	Ich gehe in meine Ecke zurück!
Hund/Katze:	Ich auch!
Hund:	Wau, wau, es ist so kalt. Ich zittere vor Kälte.
	Wollen wir nicht wenigstens ein bisschen zusammenrücken?
Katze/Schwein:	Ja, das ist keine schlechte Idee!
Hund:	Wau, wau, mir ist immer noch kalt, aber es ist nicht mehr so unerträglich.
Katze:	Miau, miau, es stinkt noch etwas, aber wenigstens ist es jetzt wärmer.
Schwein:	Grunz, grunz, mir ist noch etwas kalt, und es stinkt auch ein bisschen.
	Aber auf jeden Fall ist es wärmer als vorher.
Hund/Katze/Schwein:	Zzzzzz....zzzz....zzz...zz...**

*wie die Pest（口語）ひどく　　**「グー，グー…」（いびき）

第6章

長文読解（長いテキスト）

- 22 日目　長文読解（長いテキスト）— A
- 23 日目　長文読解（長いテキスト）— B

第6章　長文読解（長いテキスト）

《はじめに》

　大問6のテキストには，大問5の約2倍の長さのテキストが使用されます。そして，出題も，

1) テキスト全体に関して，内容に合致するものを選択肢の中から選ばせる
2) テキストの一部を取り上げ，内容に合致するものを選択肢の中から選ばせる
3) 空欄に，内容的に合致するものを選択肢の中から選ばせる
   などのようなものだけではなく，
4) 人称代名詞を取り上げ，それが指し示すものを選択肢の中から選ばせる
5) テキスト内の語と意味的にほぼ同一の語を選択肢の中から選ばせる

などの，個別的な設問も試みられています。

　第5章でも書きましたが，長文読解と言っても，まず重要なのは，私にはやはり，ドイツ語がしっかり読めるかどうかで，それ以上でも，それ以下でもないように思えます。したがって，まずは，受験本番のつもりで，「出来るだけ勘を働かせて」解答してみるのは当然ですが，しかし，それだけで良しとせず，解説と解答の文法説明と訳を読みながら，自分がドイツ語の何が分かっているのか，また，何が分かっていないのかを確認するのが王道ではないでしょうか？

　なお，テキスト全体の内容に合致する選択肢を選ばせる日本語の設問がある場合，それらをまず読んで内容に関する予測を立てるのがよいというのがかつて受験した人の助言です。

22日目 長文読解（長いテキスト）— A

対策問題 次の文章を読んで (1)〜(6) の問いに答えなさい。

„Oh mein Gott!", denkt Sabine, als sie um 7.15 Uhr auf ihren Wecker schaut. Sie hatte ihn doch gestern auf 6.00 Uhr gestellt. Wieso hat er nicht geklingelt? Das kann doch nicht wahr sein! Ausgerechnet heute, wo sie so viel zu tun hat!

(a)Wie ein Blitz aus heiterem Himmel fährt sie hoch. Sie zieht sich schnell an, schminkt sich und trägt dabei viel zu viel Make-up auf. Doch davon nimmt sie keine Notiz. Dann trinkt sie schnell einen Kaffee und merkt dabei nicht, dass sie sich den Kaffee auf die schöne weiße Bluse kleckert. Schnell rennt sie zur Bushaltestelle.

Natürlich fängt es gerade jetzt an zu regnen und sie hat den Schirm zu Hause vergessen. „Ist heute Freitag, der dreizehnte?", überlegt sie. Nein, heute ist nicht Freitag, sondern Dienstag. Der Bus hat (　A　). Auch das noch! (b)„Jetzt bloß nicht die Nerven verlieren!", denkt sie.

Als sie im Büro ankommt, sucht sie in ihrer Tasche das Handy. Natürlich hat sie es zu Hause vergessen! Auch auf Arbeit passieren viele Missgeschicke. Sie macht die falschen Kopien, telefoniert mit den falschen Kunden und schickt Briefe an die falschen Firmen.

Völlig müde und ganz (c)fertig fährt sie gegen 18 Uhr nach Hause. Als sie ihr Handy zur Hand nimmt, stellt sie fest, dass sie 13 SMS und fünf Anrufe in Abwesenheit hat. Und alle von ihrem Freund. Er wollte heute mit ihr in ein schickes Restaurant essen gehen, da sie ihr 5. Jubiläum haben. Oh nein! Das Jubiläum! Sie hat es einfach vergessen. Jetzt ist ihr Freund total wütend auf sie. (　B　) Das muss wohl Murphys Gesetz (注) sein.

„Wer ist Murphy?", denkt sie, als sie erwacht und feststellt, dass alles nur ein Traum war. Sie schaut auf den Wecker. 7.15 Uhr … Oh nein!!!!

注:「マーフィーの法則」=「うまく行かないものはうまく行かないものである」,「うまく行かないものは重なるものである」

(1) 下線文 (a) の内容として最も適切なものを次の 1〜4 のうちから一つ選び,その番号を解答欄に記入しなさい。

    1　雷が落ちそうなので,ザビーネはすばやく起き上がります。
    2　雷が落ちたように驚いて,ザビーネはすばやく起き上がります。
    3　ザビーネの部屋は,稲光のために,明るくなります。
    4　ザビーネは,起き上がって,雷が落ちるのを見ます。

(2) 空欄 (A) に当てはまる語句として最も適切なものを次の 1〜4 のうちから一つ選び,その番号を解答欄に記入しなさい。

    1　Zeit　　　　　　　　　　2　Verspätung
    3　keine Fahrgäste　　　　4　hohe Fahrpreise

(3) 下線部 (b) を言い換えたときに,最も意味が近くなるものを次の 1〜4 のうちから一つ選び,その番号を解答欄に記入しなさい。

    1　Jetzt bloß ruhig bleiben!
    2　Jetzt bloß keine Zeit verlieren!
    3　Jetzt bloß keinen Fehler machen!
    4　Jetzt bloß nicht den falschen Bus nehmen!

(4) 下線部 (c) を言い換えたときに,最も意味が近くなるものを次の 1〜4 のうちから一つ選び,その番号を解答欄に記入しなさい。

    1　erschöpft　　　　　　　2　zum Schluss
    3　entspannt　　　　　　　4　zufrieden

(5) 空欄 (B) に当てはまる語句として最も適切なものを次の 1〜4 のうちから一つ選び,その番号を解答欄に記入しなさい。

    1　Am liebsten würde sie nach Hause gehen.
    2　Am liebsten würde sie mit ihrem Freund tanzen gehen.

3　Am liebsten würde sie den Kopf in den Sand stecken.
　　　4　Am liebsten würde sie in den Urlaub fahren.

(6)　本文の内容に合うものを次の1〜6のうちから二つ選び，その番号を解答欄に記入しなさい。ただし，番号の順序は問いません。
　　　1　ザビーネは，不運なことが次から次と起こる夢を見ました。
　　　2　13日の金曜日は，不吉な日で，実際多くの人が不幸に出会います。
　　　3　ザビーネは，目ざまし時計が鳴らず，寝坊をしてしまいました。
　　　4　ザビーネのボーイフレンドが6時に電話をして起こしてくれました。
　　　5　マーフィーの法則にもかかわらず，結局はすべてがうまく行きました。
　　　6　独検の試験を受ける時は決して慌ててはいけないと気づきました。
解答欄　(1)　□　(2)　□　(3)　□　(4)　□　(5)　□　(6)　□□

解説と解答

　まず，正解と解説，次に，出題のドイツ語文と選択肢の訳と簡単な文法的解説を載せます。

《正解と解説》

(1) の正解は 2：wie ein Blitz aus heiterem Himmel は「（晴れた空から稲光が落ちたように）びっくりして」という決まり文句。hoch|fahren は「飛び上がる」。

(2) の正解は 2：慌てている文脈なのですから，バスがなかなか来ないという焦りの表現（Der Bus hat Verspätung.「バスが遅れている」）。Zeit「時間」，Verspätung「遅れ」，keine Fahrgäste「いかなる乗客も…ない」，hohe Fahrpreise「高い乗車料金」。

(3) の正解は 1：die Nerven verlieren（「神経を失う」→「冷静さを失う」）という言い回しを知っているかどうかですね。選択肢の訳は，以下の通り：
　1　今はともかく落ち着かなければ！
　2　今はともかく時間を失わなわないことだわ！
　3　今はともかく間違いをしないことだわ！

4　今はともかく間違ったバスに乗らないことだわ！

(4) の正解は **1**: völlig müde につながる ganz fertig ですので，該当する形容詞は erschöpft「疲れ果てた」。zum Schluss「最後に」，entspannt「リラックスした」，zufrieden「満足した」。

(5) の正解は **3**: 選択肢の訳（非現実話法の願望を表す接続法第２式の文）:
1　彼女の最もしたいことは家に帰ることです。
2　彼女の最もしたいことはボーイフレンドと食事に行くことです。
3　彼女の最もしたいことは現実に目をつぶることです
　　（← 頭を砂の中に埋めることです）。
4　彼女の最もしたいことは休暇に行くことです。

(6) の正解は **1** と **3**: 他人の不幸について書かれていませんし，電話で起こされてもいませんし，最後はうまく行ったわけでもありません。独検については何も書かれていませんね。

《出題のドイツ語文》
☆テキストは，「歴史的現在形」を用いて，臨場感を持たせて描かれています。

▶ „Oh mein Gott!", denkt Sabine, als sie **um** 7.15 Uhr **auf** ihren Wecker **schaut**.
　注 um＋時刻で「…時に」。auf＋ 4格 schauen で「…⁴を見る」。
　訳 彼女は７時15分に目覚まし時計を見て，『あら，大変！』と考えます。

▶ Sie hatte **ihn doch** gestern **auf** 6.00 Uhr **gestellt**.
　注 doch は，理由を述べて「だって…なのだから」。ihn（４格）は Wecker（男性名詞）「目覚まし時計」を指します。 4格 ＋auf＋時刻 stellen「…⁴を…時に合わせる」。hatte … gestellt は過去完了形ですが，過去完了形になっているのは，次の現在完了形の文よりも，以前の出来事だからです。
　訳 彼女は目ざまし時計を昨日６時に合わせたのだから。

▶ Wieso hat **er** nicht geklingelt?
　注 er は Wecker（男性名詞）「目覚まし時計」を指します。ボーイフレンドで

はありません。現在完了形になっているのは，目覚めて，時計を見ることよりも時間的に前のことだからです。

„Oh mein Gott!", **denkt** Sabine, … ← Wieso **hat** er nicht **geklingelt**? ← Sie **hatte** ihn doch gestern auf 6.00 Uhr **gestellt**.
- 訳 目ざまし時計はなぜならなかったのだろうか？

▶ Das kann **doch** nicht wahr sein!
- 注 nicht と結びついた doch は，否定の強め。
- 訳 そんなことが本当だなんてありえない！

▶ Ausgerechnet heute, **wo** sie so viel zu tun hat!
- 注 wo は，時間の副詞 heute「きょう」を先行詞とする関係副詞。
- 訳 よりによって彼女のすべきことがとても多くある日に！

▶ Wie ein Blitz aus heiterem Himmel fährt sie hoch.
- 注 設問1の解説を参照。「びっくりして」という決まり文句。
- 訳 びっくりして彼女はとび起きます。

▶ Sie **zieht sich** schnell **an**, **schminkt sich** und **trägt** dabei viel zu viel Make-up **auf**.
- 注 sich⁴ an|ziehen「服を着る」，sich⁴ schminken。再帰代名詞のよい練習になりますね。auf|tragen は，「（化粧品などを）つける」。
- 訳 彼女はすばやく服を着て，お化粧をし，そしてその際メークアップをし過ぎてしまいます。

▶ **Doch** davon nimmt sie keine Notiz.
- 注 doch「しかし」は，並列接続詞。語順に影響を与えません。副詞ならば，**Doch nimmt** sie davon …，あるいは Davon **nimmt** sie doch … となります。
- 訳 しかしそのことを彼女は気にとめません。

▶ Dann trinkt sie schnell **einen Kaffee** und merkt dabei nicht, dass sie sich **den Kaffee auf** die schöne weiße Bluse **kleckert**.
- 注 einen Kaffee は「コーヒーを一杯」。まずは，不定冠詞で文脈に導入。次の，こぼして汚れを作ってしまう Kaffee は，既知のコーヒーなので定冠詞。sich³ ＋ 4格 ＋auf＋ 4格 kleckern で，「…⁴を…⁴にこぼしてしみをつくる」。sich

が3格であることがわかれば，かなり実力がついている証拠です。
- 訳 それから彼女はすばやくコーヒーを一杯飲み，そして，その間，コーヒーをかわいい白いブラウスにこぼしてしみをつくってしまっていることに気づきません。

▶ Schnell rennt sie **zur** Bushaltestelle.
- 注 zur という前置詞と定冠詞の融合形が用いられるニュアンスがわかりますか？ 特定のバス停なので，定冠詞を付けますが，しかし，他方，いつもの分かり切ったバス停なので，「その…」と強調する必要がないからです。こういう時に，前置詞と定冠詞の融合形を使うのです。
- 訳 早足に彼女はバス停に走ります。

▶ Natürlich fängt es gerade jetzt an zu regnen und sie hat den Schirm zu Hause vergessen.
- 注 es は，es regnet「雨が降る」の es ですね。
- 訳 もちろんまさにその時雨が降り出し，そして彼女は傘を家に置いて来てしまいました。

▶ „Ist heute Freitag, **der dreizehnte**?", überlegt sie.
- 注 der dreizehnte は，定冠詞の付いた序数。日付を表し，Freitag と同格。形容詞変化です。
- 訳 『きょうは金曜日で13日なのかしら？』と彼女は考えます。

▶ Nein, heute ist **nicht** Freitag, **sondern** Dienstag.
- 注 nicht …, sondern 〜 は「…でなく〜」。
- 訳 いいえ，きょうは金曜日ではなく，火曜日だわ。

▶ Der Bus hat **Verspätung.**
- 注 文字どおりの訳は，「バスは遅延を持っている」。徐々にドイツ語らしい表現に慣れる必要がありますね。
- 訳 バスが遅れている。

▶ Auch das noch!
- 注 逐語的には「それもさらに！」
- 訳 さらにバスまでが遅れるとは！

▶ „ Jetzt **bloß** nicht die Nerven verlieren!", denkt sie.

- 注 bloß は「ともかく」。
- 訳 『今はともかく落ち着かなければ！』と彼女は考えます。

▶ Als sie im Büro **ankommt**, sucht sie in ihrer Tasche das Handy.
- 注 an|kommen は，「…に到着する」という意味で，「方向」を表すように感じられますが，「出現・消滅」の動詞の場合，in＋3格 の前置詞句と結びつきます（106 頁を参照）。
- 訳 彼女は，オフィスに着くと，バッグの中の携帯電話を探します。

▶ Natürlich hat sie es **zu Hause vergessen**!
- 注 4格 ＋zu Hause vergessen で，「…⁴を家に置き忘れる」
- 訳 もちろん彼女はそれを家に置いて来てしまっています！

▶ Auch **auf Arbeit** passieren viele Missgeschicke.
- 注 auf Arbeit は「仕事の上で」という決まり文句。
- 訳 仕事の上でも不運なことが多く起きてしまいます。

▶ Sie macht die **falschen** Kopien, telefoniert mit den **falschen** Kunden und schickt Briefe an die **falschen** Firmen.
- 注 falsch は「間違った」。
- 訳 彼女は間違ったコピーをし，間違った顧客と電話をしたり，そして間違った会社に手紙を送ってしまいます。

▶ Völlig müde und ganz fertig fährt sie **gegen** 18 Uhr nach Hause.
- 注 gegen は，時間を表して「…頃」。
- 訳 まったく疲れ切りそして完全に疲れ果て彼女は 18 時頃に帰宅します。

▶ Als sie ihr Handy zur Hand nimmt, stellt sie fest, dass sie 13 **SMS** und fünf Anrufe in Abwesenheit hat.
- 注 SMS は，Short Message Service の略で，女性名詞として使われます。単複同形。
- 訳 携帯電話を手にしたとき，彼女は，不在中 SMS を 13 通と電話を 5 つ受けているのを確認します。

▶ Und alle von ihrem **Freund**.
- 注 女性が Freund と呼ぶ男性はボーイフレンド，男性が Freundin と呼ぶ女性はガールフレンドです。Und alle SMS sind von … の sind を省略した表現。

- 訳 それらはすべて彼女のボーイフレンドからのもの。

▶ Er wollte heute mit ihr **in ein schickes Restaurant essen gehen**, da sie ihr 5. **Jubiläum** haben.
- 注 in **einem** schicken Restaurant **essen**「しゃれたレストランで食事をする」と考えて，in einem schicken Restaurant essen gehen と言う人もいます。「しゃれたレストランに」「食事に行く」と考えると，テキストのようになります。Jubiläum「記念日」は，誕生日や結婚記念日には用いないと書かれた辞典もありますが，最近は，付き合いだした記念日でも使われるようです。
- 訳 彼らの(付き合い出した)5回目の記念日なので，彼はきょう彼女としゃれたレストランに食事に行くつもりでいたのです。

▶ Oh nein!
- 注 英語の「オー，ノー」でしょうね。
- 訳 おお，そんなことありえない!

▶ Das Jubiläum!
- 注 自分たちの決まった記念日だから，定冠詞が付いていますね。驚いたときでも，慌てたときでも，ドイツ語話者は，ちゃんと定冠詞を忘れないのですね。
- 訳 記念日だなんて!

▶ Sie hat es **einfach** vergessen.
- 注 einfach は副詞(「あっさりと」)。
- 訳 彼女はそれをあっさりと忘れてしまっていたのです。

▶ Jetzt ist ihr Freund **total wütend** auf sie.
- 注 wütend「怒っているの」の対象は，前置詞 auf を用います。total は口語(「完全に」)。「今，彼は私のことを完全に怒っている」と心で思ったことを客観的に描写したものです。
- 訳 今，彼女のボーイフレンドは彼女のことを完全に怒っている。

▶ **Am liebsten würde** sie den Kopf in den Sand **stecken**.
- 注 am liebsten は gern「喜んで」の最高級。würde … stecken は，stecken「突っ込む」の接続法第2式。den Kopf in den Sand stecken は「現実に対して目をつぶる」。非現実の願望を述べています。
- 訳 できれば，彼女はすべてないこととしたいところです。

▶ Das muss wohl **Murphys** Gesetz sein.
  注 「マーフィーの法則」については，テキスト下の注を参照。
  訳 これは，マーフィーの法則に違いない。

▶ „Wer ist Murphy?", denkt sie, **als** sie erwacht und feststellt, dass alles nur ein Traum war.
  注 接続詞 als は，普通現在形と結びつきませんが，このテキストがいわば「歴史的現在」として書かれているため，現在形と結びついています。
  訳 彼女は目覚め，すべてが単なる夢でしかなかったことに気づくと，『マーフィーって誰なんだろう？』と考えます。

▶ Sie **schaut auf** den Wecker.
  注 auf＋4格 schauen で「…4を見る」。
  訳 彼女は目覚まし時計を見ます。

▶ 7.15 Uhr …
  注 特に注は不要でしょうが…。
  訳 7時15分…。

▶ Oh nein!!!!
  注 今どきの若い人だと，以下のような訳になりますか？
  訳 そんなぁー！（もう7時15分だなんて）ありえなぁーい！

● 楽しく読んでみよう （訳は別冊を参照）●

Relativitätstheorie
- „Du stinkst", sprach das Schwein zur Rose.
- Der Indianer, der als erster den Columbus sah, hat eine böse Entdeckung gemacht.
- „Ich habe getan, was ich konnte", sagte der Politiker. „Das freut mich", sagte der Teufel.
- Ein Haar in der Suppe ist relativ viel, ein Haar auf dem Kopf ist relativ wenig.

23日目 長文読解（長いテキスト）— B

対策問題 次の文章を読んで (1)〜(5) の問に答えなさい。

Viele Deutsche glauben, dass zu viele Zuwanderer, vor allem solche mit türkischem Migrationshintergrund, nach Deutschland kämen. Sie seien schlecht ausgebildet und würden eine zusätzliche Last darstellen.

Dass diese Meinung falsch ist, bestätigten mehrere Studien, die Deutschland zudem ein ganz anderes Problem bescheinigten: (a)<u>Deutschland habe sich in den letzten Jahren zum Auswanderungsland entwickelt</u>. Viele junge und gut qualifizierte Menschen, aber auch Menschen über 50 verließen ihre Heimat, um in einem anderen Land ihr Glück zu finden.

Das stellt Deutschland vor sehr große Probleme. Die alternde und schrumpfende Gesellschaft birgt für die Zukunft Deutschlands große Risiken. Zudem gibt es bereits jetzt einen Fachkräftemangel. In einigen wichtigen Berufen fehlen derzeit qualifizierte Arbeitskräfte. Über 400 000 Zuwanderer bräuchte Deutschland jedes Jahr, damit die aktive Bevölkerung stabil bleibe. 2012 wurde dieses (b)<u>Ziel</u> erreicht. Der Bevölkerungsgewinn lag bei über 400 000.

Und die (A) stehen gut, dass die Zahl der Einwanderer weiter wächst, so Carsten-Patrick Meier vom Institut Kiel Economics.

(c)<u>Die mobilste Gruppe seien junge Akademiker aus den aktuellen Krisenländern wie Spanien und Griechenland.</u> Sie würden sich eine sorgenfreie Zukunft und bessere Berufschancen in Deutschland erhoffen. Die Zahl der Einwanderer aus der Türkei sei hingegen gering. Unverständliche Gesetze und harte Bedingungen würden dazu beitragen, dass viele Einwanderer nur für eine kurze Zeit bleiben wollen. Deutschland unternehme dieser Tage viel, um die Bedingungen für die Zuwanderer zu verbessern. Es müsse noch viel getan werden, aber Deutschland sei auf dem richtigen Weg. Die neue Immigrationswelle biete Hoffnung für die Zukunft der deutschen Gesellschaft, so Meier.

(1) 下線文 (a) の内容として最も適切なものを次の 1～4 のうちから一つ選び，その番号を解答欄に記入しなさい。

1 ドイツから移住して行くする人の数はここ数年ドイツに移住して来る人の数よりも多くなっています。
2 ますます多くの移住者たちがドイツにやって来ます。
3 ドイツは，移住者にとって最善の国です。
4 多くのドイツ人はドイツへの移住者を望んでいません。

(2) 下線文 (b) の単語 Ziel で意味している内容として最も適切なものを次の 1～4 のうちから一つ選び，その番号を解答欄に記入しなさい。

1 毎年ドイツへの移住者が 40 万人以上になり，一定数の活動的住民が維持されること。
2 毎年ドイツからの移住者が 40 万人以上になり，活動的住民が一定数になること。
3 活動的住民と非活動的住民の差が 40 万人以上になること。
4 活動的住民が 40 万人以上毎年ドイツに来ること。

(3) 空欄 (A) に当てはまる語句として最も適切なものを次の 1～4 のうちから一つ選び，その番号を解答欄に記入しなさい。

1 Zahlen
2 Wünsche
3 Meinungen
4 Prognosen

(4) 下線文 (c) の内容として最も適切なものを次の 1～4 のうちから一つ選び，その番号を解答欄に記入しなさい。

1 大学を卒業した若者のグループは，好んで移住します。
2 仕事のために移住を最も嫌がらないのは，スペインとギリシャの若者です。
3 スペインとギリシャの若者が移住者の最大グループを形成します。
4 移住者の最大のグループは，スペインとギリシャの高等教育を受けた若者です。

(5) 本文の内容に合うものを次の1〜6のうちから二つ選び，その番号を解答欄に記入しなさい。ただし，番号の順序は問いません。

1 多くのドイツ人は，他国からの移住者が劣悪な労働条件で働いていると思っています。
2 ドイツは，他国から移住者が来る国ではなく，他国へ移住する国になっています。
3 ドイツは，人口減少に対して，専門技術者の育成によって対処しようとしています。
4 2012年に多くの移住者がドイツにやって来て，住民は40万増加しました。将来も多くの移住者がドイツに来ると予想されています。
5 トルコからの移住者の数は，法律の不備や悪条件にもかかわらず増加しました。
6 ある研究所の調査結果によれば，ドイツは現在正しい方向に進んでおり，このままの状態を続ければ，多くの問題が十分に解決されます。

解答欄 (1) ☐ (2) ☐ (3) ☐ (4) ☐ (5) ☐ ☐

解説と解答

まず，正解と解説，次に，出題のドイツ語文と選択肢の訳と簡単な文法的解説を載せます。

《正解と解説》

(1) の正解は 1：aus|wandern あるいは zu|wandern は「他国へ移住する」。ein|wandern は「他国に移住する」。Auswanderungsland は，「住民が他国に移住して行く国」のこと。長い合成語が多いのがドイツ語の特徴です。

(2) の正解は 1：少子高齢化問題には，他国からの移住者が欠かせないということです。

(3) の正解は 4：移住人口の，研究所による調査結果に関するもの。dass 文は，

（　）内の語を修飾します。Zahlen「数字」，Wünsche「要望」，Meinungen「意見」，Prognosen「予測」。

(4)の**正解は 4**：スペインとギリシャの，高等教育を受けた若者が前提とされますが，キーワードは mobil「移動性の」という形容詞ですね。

(5)の**正解は 2 と 4**（順序は問いません）：選択肢は，基本的に，段落ごとに設定してありますので，内容の確認ができれば解答できるようにしてあります。

《出題のドイツ語文》
- Viele Deutsche glauben, dass zu viele Zuwanderer, vor allem **solche mit** türkischem **Migrationshintergrund**, nach Deutschland kämen.
  - 注 solche mit … は zu viele Zuwanderer と同格。Migrationshintergrund は，Migration「人口移動」と Hintergrund「背景」の合成語。すなわち，具体的に言うと，ドイツへの移住者の子孫であること。
  - 訳 多くのドイツ人は，ドイツに来る移住者，特にトルコ系の移住者が多過ぎると思っています。

- Sie **seien** schlecht ausgebildet und würden eine zusätzliche Last darstellen.
  - 注 独立的間接話法。seien は接続法第 1 式。
  - 訳 彼らは，十分な教育を受けておらず，余計な経済的負担になると。

- Dass **diese** Meinung falsch ist, bestätigten mehrere Studien, die Deutschland zudem ein ganz anderes Problem bescheinigten:
  - 注 diese は「この」という訳語で覚えますが，実際の訳では，「このような」とした方が自然な日本語になると言われています。
  - 訳 このような意見が間違いであることは，いくつもの研究によって確認されましたが，これらの研究はドイツにはさらにまったく別の問題があることを示しました。

- Deutschland habe **sich** in den letzten Jahren **zum** Auswanderungsland **entwickelt**.
  - 注 これも，独立的間接話法。sich zu＋3格 entwickeln は「…³に発展する」。
  - 訳 ドイツは，ここ数年の間に出国移住国になったということです。

- ▶ Viele junge und **gut** qualifizierte Menschen, aber auch Menschen **über 50** verließen ihre Heimat, um in einem anderen Land ihr Glück zu finden.
  - 注 gut は qualifiziert を修飾。über 50（年齢）は，Menschen を修飾。
  - 訳 多くの若いそして十分な専門知識を持った，しかし 50 を越えた人も，他の国で彼らの幸運を見つけるために，彼らの故郷を離れたのです。

- ▶ Das stellt Deutschland vor sehr große Probleme.
  - 注 逐語的には「このことはドイツをとても大きな問題の前に置きます」。
  - 訳 このことはドイツにとても大きな問題を突きつけることになります。

- ▶ Die alternde und schrumpfende Gesellschaft birgt für die Zukunft **Deutschlands** große Risiken.
  - 注 Deutschlands は，文法上，Zukunft にも，große Risiken にもかけることができますが，内容から言って，「ドイツの未来」でしょうね。
  - 訳 社会が老齢化し，人口が減少することは，ドイツの未来にとって大きな危険要因になりかねないのです。

- ▶ Zudem **gibt es** bereits jetzt einen Fachkräftemangel.
  - 注 gibt es は「…がある」。訳は，「生じている」と，状態生起的にしてみました。機械翻訳ではどこまでこのような柔軟性が可能なのでしょうね。
  - 訳 それに加えてすでに現在，専門家集団の不足が生じているのです。

- ▶ In einigen wichtigen Berufen fehlen **derzeit** qualifizierte Arbeitskräfte.
  - 注 今，ドイツでは，jetzt ではなく，derzeit という言葉がよく使われます。言語は変わるのですね。
  - 訳 いくつかの重要な職業では現在，専門知識を持った労働力が不足しているのです。

- ▶ Über 400 000 Zuwanderer **bräuchte** Deutschland jedes Jahr, damit die aktive Bevölkerung stabil **bleibe**.
  - 注 独立的間接話法の文。後半の bleibe は，単純に間接話法の第 1 式。前半の bräuchte は brauchen の接続法第 2 式。「もし十分な人口を求めるならば」という前提部を含意した仮定部間接話法とも言えます。bräuchte の主語が何かわかりますか？ 単数ですので，Deutschland ですね。
  - 訳 ドイツは毎年，一定数の活動的住民を確保するために，40 万人以上の移住者を必要とするとのことです。

- ▶ **2012** wurde dieses Ziel erreicht.
  - 注 年号を示す場合，数字のみを示す方法と，im Jahr 2012 のように im Jahr を付ける方法とがあります。
  - 訳 2012 年にこの目標は達成されました。

- ▶ Der Bevölkerungsgewinn lag bei **über** 400 000.
  - 注 über は，数字を修飾して「…以上」。
  - 訳 住民の増加は 40 万を越えるところに留まっています。

- ▶ Und die Prognosen **stehen** gut, dass die Zahl der Einwanderer weiter wächst, **so** Carsten-Patrick Meier vom Institut Kiel Economics.
  - 注 stehen は，形容詞とともに用いて，物事の状況について述べます。「so＋情報源」は，情報などを引用にした後に，「(…によれば…) とのことです」という意味で追加する決まった言い回しです。
  - 訳 そして Institut Kiel Economics の Carsten-Patrick Meier によれば，入国移住者の数はさらに増えるとの予測は十分可能であるようです。

- ▶ Die mobilste Gruppe **seien** junge Akademiker aus den aktuellen Krisenländern wie Spanien und Griechenland.
  - 注 主語は Gruppe で単数ですが，述語 Akademiker が複数であるため，そちらに合わせて，定形が seien (接続法第 1 式) になっています。
  - 訳 もっとも流動的なグループはスペインやギリシャのような事実上危機的と言える国々からの若い大学教育を受けた若い人たちとのことです。

- ▶ Sie **würden** sich eine sorgenfreie Zukunft und bessere Berufschancen in Deutschland **erhoffen**.
  - 注 これも独立的間接話法。würde … erhoffen は，erhoffen とすると，直説法と区別がつかないための言い換え。
  - 訳 彼らは，ドイツでの心配のない未来と職に就けるよりよい機会を期待しています。

- ▶ Die Zahl der Einwanderer aus **der Türkei** sei hingegen gering.
  - 注 これも独立的間接話法。国名は，本来，冠詞を付けませんが，Türkei は，女性名詞扱いで，定冠詞を必ず付けます。
  - 訳 トルコからの入国者の数はそれに対してわずかです。

▶ Unverständliche Gesetze und harte Bedingungen **würden** dazu **beitragen**, dass viele Einwanderer nur für eine kurze Zeit bleiben wollen.
　注 これも独立的間接話法。zu＋3格 beitragen「…³に貢献する」。
　訳 多くの入国者がほんの短期間の間しか滞在しようとしないことには，不都合な法律や厳しい条件にもその責任の一端があります。

▶ Deutschland unternehme **dieser Tage** viel, um die Bedingungen für die Zuwanderer zu verbessern.
　注 これも独立的間接話法。dieser Tage は，複数の2格で，「近いうちに」という意味と「最近，近頃」という2つの意味があります。ここは，後者。
　訳 ドイツは，最近，移住者の条件を改善するために多くのことをなしています。

▶ **Es** müsse noch **viel** getan werden, aber Deutschland sei auf dem richtigen Weg.
　注 これも独立的間接話法。文頭の Es は，仮主語。本来の主語は，viel。話法の助動詞＋受動形という文です。
　訳 さらに多くのことがなされねばなりませんが，ドイツは，正しい発展過程にあります。

▶ Die neue Immigrationswelle biete Hoffnung für die Zukunft der deutschen Gesellschaft, so Meier.
　注 これも独立的間接話法。
　訳 新しい国外からの移住は，ドイツ社会の未来にとって希望を提供するものですと，そうマイヤーは報告しています。

● 楽しく読んでみよう（訳は別冊を参照）●

Einmal wurde ein Tausendfüßler* gefragt, wie er beim Gehen seine Füße setze.
Der Tausendfüßler dachte nach und verlernte das Gehen.
　＊ムカデ

第7章

会　話

- 24日目　　長い会話テキストーA
- 25日目　　長い会話テキストーB

第7章　会話

《はじめに》

　出題のポイントは，ある程度複雑なテーマについて，二人の人が言葉を交わしている部分を空所にして補わせるものです。

　人が言葉を交わすのは，聞き手に何かを伝え，また聞き手から何かを聞き出すためだと言えます。伝えたいこと，聞きたいことのないコミュニケーションは，本来ありえないはずです。そして，それに関連して言いたいことは，内容がわかると一つひとつの言葉が分からなくとも，何となく言われていることが分かるようになることです。話されている内容に関する想像力の問題だと思っています。

　ある個人的な体験なのですが，学生の頃，ある長編小説を，時には辞書を引きながら，時には意味が分からなくてもがむしゃらに読み進めていました。80頁程進んだところでだったでしょうか（全体で800頁程度），若い男女が出会い，庭で会話が始まるのです。その途端，（本当にドイツ語が分かったかどうか分かりませんが），筋が理解できるようになったのです。若い男女がどんな話をするなんかは容易に想像できましたからね。それ以来，とにかく本を読むならば，長編小説というのが私の信条になりました。短い小説だと，筋の「す」も分からないうちに終りになってしまうからです。

　第7章の会話テキストに関して，一度，受験本番のつもりで解答してみるのはもちろんですが，その後，まず，一番目の文をしっかり訳した上で二番目の文から読み始めてみませんか？　もしそれでもまだ筋が飛んだりするならば，今度は二番目の文もしっかり訳した上で三番目の文から読み始めてみるのです。筋が分かりだしたら，空欄に入るであろう文が何となく想像できるようになるはずです。たとえ今回，そのことを実感できるまでにならなかったとしても，いつかは「どんなことが話題になっているかが分かり出すと，どんどん分からないドイツ語も分かるようになる」ということに気づかれるはずです。ドイツ語の読解と文脈の関係は，単に「重要である」というだけではなく，むしろ「語学の本質」である――私は今もってそう強く確信しているのですが。

24日目 長い会話テキスト―A

第4週 3日目

月　　日

> **対策問題** 次の会話を読み，空欄 (a)〜(f) に入れるのに最も適切なものを，次項の 1〜6 のうちから選び，その番号を解答欄に記入しなさい。

♪8

Reporter: Sie haben eine sehr traurige Liebesgeschichte erlebt, die viele Internet-Nutzer berührt hat.

Viktoria: Ich habe vor allem eine Liebesgeschichte erlebt, die nur in unserem Zeitalter möglich ist. 2011 habe ich mich von meinem Mann, mit dem ich zwei Kinder habe, getrennt. Ich war sehr einsam und hatte Angst. In dieser Zeit kam ein neuer Mann in mein Leben.

Reporter: （　a　）

Viktoria: Er hat mir eine Nachricht per Twitter geschickt. Bald haben wir uns täglich und dann stündlich geschrieben.

Reporter: （　b　）

Viktoria: Der Kontakt wurde immer intensiver. Er hat mir Postkarten, teure Kleidung und Spielsachen für meine Kinder geschickt. （　c　） Er wurde immer wichtiger für mich. Ohne ihn habe ich mich einsam gefühlt. Den Kontakt zu meiner realen Umwelt hatte ich fast verloren. Nur von diesem Mann fühlte ich mich verstanden, obwohl ich ihn noch nie getroffen hatte.

Reporter: Was passierte dann?

Viktoria: Meine Freundin wurde misstrauisch. Sie hat angefangen zu recherchieren und fand heraus, dass er gar nicht existierte. （　d　）

Reporter: Und dann?

Viktoria: Ich war schockiert. Ich habe ihn per Skype zur Rede gestellt. Er hat beteuert, dass er mir längst von seiner Lüge erzählen wollte und sich wirklich in mich verliebt hätte.

Reporter: （　e　）

Viktoria: Das war alles gelogen. Ich fand heraus, dass er mehrere Fake-Accounts bei verschiedenen sozialen Netzwerken hatte und in den letzten 13 Jahren mit 16 verschiedenen Identitäten auch andere Frauen betrogen hat. Er hat es genossen, Frauen zu manipulieren und Menschen gegeneinander auszuspielen.
(f)
Reporter: Doch Sie haben sich ein neues Ziel gesetzt.
Viktoria: Ich habe in meinem Blog über meine Erfahrung geschrieben und versuche, andere Frauen zu finden, die etwas Ähnliches erlebt haben. Mein Ziel ist es, in dieser Zeit, in der viele Menschen fast nur noch digital kommunizieren, andere zu warnen.

1 Er versuchte das Leben eines Menschen zu beeinflussen.
2 Er war weder beim Einwohnermeldeamt registriert, noch kannte man ihn bei der Arbeitsstelle, die er angegeben hatte.
3 Doch die Geschichte hat kein Happy-End?
4 Wie haben Sie ihn kennengelernt?
5 Natürlich haben wir auch Fotos ausgetauscht.
6 Wie hat sich Ihre Beziehung weiterentwickelt?

解答欄　(a) ☐　(b) ☐　(c) ☐　(d) ☐　(e) ☐　(f) ☐

解説と解答

　出題のドイツ語文と選択肢の意味がわかれば，どこにどの選択肢がふさわしいかは，常識的に判断できると思いますので，以下，正解を示した後，選択肢の訳を挙げ，その後，出題のドイツ語文の訳を挙げることにします。

(a) の正解は **4**　　(b) の正解は **6**　　(c) の正解は **5**
(d) の正解は **2**　　(e) の正解は **3**　　(f) の正解は **1**

《出題のドイツ語文》
*発言者が Reporter なのか，Viktoria なのかは省いてあります。また，長文読解の場合と異なり，必ずしも1文1文の解説にしてありません。また，青字の文は，挿入した解答のドイツ語文です。

▶ Sie haben eine sehr traurige Liebesgeschichte erlebt, **die** viele Internet-Nutzer berührt **hat**.
　注 関係文の定形の動詞は hat，したがって定関係代名詞 die がその主語になります。
　訳 あなたは，多くのインターネットユーザーに深い印象を与えたとても悲しい恋の経験をしましたね。

▶ Ich habe vor allem eine Liebesgeschichte erlebt, die nur in unserem Zeitalter möglich ist.
　注 vor allem は，「特に」。
　訳 私は特に私たちの時代でしか可能でない恋の経験をしました。

▶ **2011** habe ich **mich von** meinem Mann, mit dem ich zwei Kinder habe, **getrennt**. Ich war sehr einsam und hatte Angst. In dieser Zeit kam ein neuer Mann in mein Leben.
　注 年号はこのように数字のみか，im Jahr 2011 になります。sich^4 von ＋ 3格 trennen「…^{3}から別れる」。
　訳 2011年に私は子供を二人もうけた夫と別れました。私はとても寂しくて，不安でした。このようなときに一人の新しい男性が私の人生に現れました。

▶ （設問 a；選択肢 4）Wie haben Sie ihn **kennengelernt**?
　注 kennenlernen「知り合いになる」は，kennen lernen と離すこともありますが，その過去分詞。
　訳 あなたはどうやって彼と知り合いになったのですか？

▶ Er hat mir eine Nachricht per Twitter geschickt. Bald haben wir uns täglich und dann stündlich geschrieben.
　注 3格 ＋ 4格 ＋ schicken あるいは 4格 ＋ an ＋ 3格 schicken で，「…^{3}を…^{4}を送る」あるいは「…^{4}を…^{4}に送る」。
　訳 彼は私にツィッターで連絡をくれました。まもなく私たちは毎日，そして1時間ごとに連絡し合いました。

▶ （設問 b；選択肢 6）Wie hat **sich** Ihre Beziehung **weiterentwickelt**?
　注 sich⁴ entwickeln は「進展する」，sich⁴ weiter|entwickeln は「さらに進展する」。
　訳 あなたたちの関係はさらにどう発展しましたか？

▶ Der Kontakt wurde immer intensiver. Er hat mir Postkarten, teure Kleidung und Spielsachen für meine Kinder geschickt.
　注 比較級に immer を付けると「ますます…」。teure は，teuer「高価な」に格語尾を付けると，teuere になるので，語幹の e を削除したものです。
　訳 付き合いはますます密になりました。彼は，はがきや私の子供用の高価な服や玩具を送って来ました。

▶ （設問 c；選択肢 5）Natürlich haben wir auch Fotos ausgetauscht. Er wurde immer **wichtiger für** mich. **Ohne ihn** habe ich mich einsam gefühlt.
　注 für＋4格 wichtig sein「…⁴にとって重要である」。ohne ihn は「彼なしでは（彼との付き合いなしでは）」という条件的意味合いになります。
　訳 もちろん私たちは写真も交換しました。彼は私にとってますます重要になりました。彼とのコンタクトがないと私は寂しく感じました。

▶ Den **Kontakt zu** meiner realen Umwelt hatte ich fast verloren. Nur von diesem Mann **fühlte** ich **mich verstanden**, obwohl ich ihn noch nie getroffen hatte.
　注 Kontakt zu＋3格 は「…³とのコンタクト」。verstanden は verstehen「理解する」の過去分詞ですが，ここでは，「理解されている」という形容詞と考えましょう。sich⁴＋形容詞＋fühlen で，「…だと感じる」。
　訳 私の現実の周囲とのコンタクトを私はほとんど失っておりました。私は，彼とまだ会ったことはありませんでしたが，この男性によってのみ理解されているのだと感じました。

▶ Was passierte dann?
　注 passieren「起こる」を完了形にする際の助動詞は？ sein ですね。
　訳 それから何が起きたのですか？

▶ Meine Freundin wurde misstrauisch. Sie hat angefangen zu recherchieren und **fand heraus**, dass er gar nicht existierte. （設問 d；選択肢 2）Er war weder beim Einwohnermeldeamt registriert, noch kannte man ihn bei der

Arbeitsstelle, die er angegeben hatte.

- 注 heraus|finden は「…を見つける」という分離動詞です。finden は「見つける」，heraus は「…の中から」。何となく意味がわかりますね。
- 訳 私の友達は不信感を持つようになりました。彼女は調査を始め，彼という人物が存在していなかったことを確かめました。彼は住民登録課に登録もしていませんでしたし，彼が伝えて来ていた勤務先では彼のことを誰も知りませんでした。

▶ Und dann?
- 注 話を先に進めさせる際の決まり文句です。
- 訳 そしてそれから？

▶ Ich war **schockiert**. Ich habe ihn per Skype zur Rede gestellt.
- 注 schockieren は「驚かす」という他動詞。受動形 (schockiert werden) で「驚かされる」。さらに，状態受動 (schockiert sein) になると，「驚かされている＝驚いている」。über＋ 4格 schockiert sein は，「…4に驚いてしまう」という決まり文句。
- 訳 私はショックを受けました。私は彼にスカイプを使って釈明を求めました。

▶ Er hat beteuert, dass er mir längst von seiner Lüge erzählen wollte und **sich** wirklich **in** mich **verliebt** hätte.
- 注 sich[4] in＋ 4格 verlieben「…4に惚れる」。
- 訳 彼は，私にずっと以前から彼のウソについて話そうとしていたと，そして彼は私に本当に恋をしていると誓うのでした。

▶ (設問 e；選択肢 3) Doch die Geschichte hat kein **Happy End?**
- 注 Happy End は中性名詞。ドイツ語も，英語からの外来語がどんと増えています。
- 訳 しかし，この物語はハッピーエンドで終わりませんでしたね？

▶ Das war **alles gelogen**. Ich fand heraus, dass er mehrere Fake-Accounts bei verschiedenen sozialen Netzwerken hatte und in den letzten 13 Jahren mit 16 verschiedenen Identitäten auch andere Frauen betrogen hat.
- 注 alles は強めで「(それは) すべて」。gelogen は，lügen「うそをつく」の過去分詞。Das ist gelogen. の逐語訳は，「それはウソをつかれたことである」。「それはウソだったのです」という言い回しと覚えましょう。

- 訳 それはすべてウソだったのです。私は，彼が色々な社会的ネットワークにいくつものフェイクアカウント（実態のないアカウント）を持っていて，ここ13年の間に16の異なった人物になって他の女性たちもだましていたということを突き止めました。

▶ Er hat **es** genossen, Frauen zu manipulieren und Menschen gegeneinander auszuspielen. (設問 f; 選択肢 1) Er versuchte das Leben eines Menschen zu beeinflussen.
- 注 es は，genossen（＜genießen「楽しむ」）の目的語。以下の zu 不定詞句を受けています。
- 訳 彼は女性たちを巧妙にだましたり，人々を手玉に取って楽しんでいたのです。彼は人の人生に影響を与えようと試みたのです。

▶ Doch Sie haben **sich ein** neues **Ziel gesetzt**.
- 注 この sich が何格かわかりますか？ 3格とすぐ分かった人は，もう2級の実力はありますね。sich³ ein Ziel setzen で，「目標を定める」。
- 訳 しかし，あなたは新しい目標を定めました。

▶ Ich habe in meinem Blog **über** meine Erfahrung geschrieben und versuche, andere Frauen zu finden, die etwas Ähnliches erlebt haben.
- 注 meine Erfahrung schreiben は「単に経験を書く」感じになりますが，über meine Erfahrung schreiben のように über が付いていると，そのことに関する著者のいろんな想いが書かれている感じがしませんか？
- 訳 私は，私のブログで私の経験について書き，同じようなことを経験した他の女性を見つけ出そうとしました。

▶ Mein Ziel ist **es**, in dieser Zeit, in **der** viele Menschen fast nur noch digital kommunizieren, andere zu warnen.
- 注 es は，「私の目的は…です」の「…」の部分で，後続する zu 不定詞句を受けます。もちろん Mein Ziel ist, in dieser Zeit …. とするのも間違いではないのですが，es を入れて，気合いを入れ直そうとする意図がビンビン感じられませんか。…, in der … の der は，前の Zeit を先行詞とする関係代名詞です。
- 訳 私の目的は，多くの人がほとんどデジタル方式でしかコミュニケーションができなくなったこの時代に他の人に注意を促すことです。

25日目 長い会話テキスト—B

第4週 4日目

月　　日

対策問題 次の会話を読み，空欄（a）〜（f）に入れるのに最も適切なものを，右の1〜6のうちから選び，その番号を解答欄に記入しなさい。

♪9

Reporterin: Herr von Goethe, (a)

Goethe: Die Balance des eigenen Tagesablaufes ist sehr wichtig. Eine Routine, die man jeden Tag verfolgt, ist entscheidend. Ich stehe jeden Morgen um 6 Uhr auf, mache ein gutes Frühstück und begebe mich dann an die Arbeit. Ohne eine vernünftige Mahlzeit sollte man nicht in den Tag starten. (b)

Reporterin: Ich fühle mich manchmal gestresst. Geht es Ihnen auch so?

Goethe: Nein, eigentlich nie. Ich lasse mich nicht stressen. Außerdem finde ich es wichtig, dass man jeden Tag etwas macht, was einem Spaß macht und worauf man sich während der Arbeit freuen kann. (c) Man sollte sich vom Alltag eine Auszeit nehmen.

Reporterin: Und wie machen Sie das?

Goethe: Wie Sie wissen, reise ich sehr gerne. Die Reisen sind wichtig für mich, weil ich so neue Eindrücke erhalten kann, die ich dann für meine Arbeit nutze. Leider sind Reisen sehr anstrengend und zeitaufwendig. Die Fahrt mit der Pferdekutsche ist sehr unbequem. (d)

Reporterin: Und was machen Sie da?

Goethe: Es liegt mitten in der Natur. Ich kann wieder richtig durchatmen. Die frische Luft, der Klang der Natur und die Tierstimmen haben großen Einfluss auf mich und meine Arbeit. Außerdem gehe ich dort meiner großen Leidenschaft nach.

Reporterin: Und die wäre …?

147

Goethe: Die Naturwissenschaft. Sie bietet einen großen Kontrast zu meiner Arbeit als Beamter und Schriftsteller. Das macht meinen Kopf frei und gibt mir Inspiration. (　e　)

Reporterin: (　f　)

Goethe: Finanzielle Sicherheit. Ich hatte Glück, dass ich in einer gut situierten Familie geboren wurde. Ich musste mir nie Sorgen um Geld machen. Sorgen machen anfällig für Krankheiten.

1　Deswegen ziehe ich mich oft in mein Gartenhaus zurück.
2　Was finden Sie noch wichtig für ein langes und glückliches Leben?
3　Jemand, der nur aus Haut und Knochen besteht, bleibt im Alter sicher nicht gesund.
4　Von der Arbeit Abstand zu nehmen, ist sehr wichtig.
5　Sie haben ein sehr stolzes Alter erreicht. Wie haben Sie es geschafft, in diesem Alter so munter zu sein?
6　Aber noch wichtiger sind Ruhephasen.

解答欄　(a)□　(b)□　(c)□　(d)□　(e)□　(f)□

解説と解答

出題のドイツ語文と選択肢の意味がわかれば，どこにどの選択肢がふさわしいかは，常識的に判断できると思いますので，以下，正解を示した後，選択肢の訳を挙げ，その後，出題のドイツ語文の訳を挙げることにします。

(a) の正解は **5**　　(b) の正解は **3**
(c) の正解は **6**　　(d) の正解は **1**
(e) の正解は **4**　　(f) の正解は **2**

《出題のドイツ語文》

*発言者が Reporterin なのか，von Goethe なのかは省いてあります。また，長文読解の場合と異なり，必ずしも1文1文の解説にしてありません。また，太字でない青字の部分は，挿入した解答のドイツ語文です。

▶ Herr von Goethe, (設問a；選択肢5) Sie haben ein sehr stolzes Alter erreicht. Wie haben Sie **es geschafft**, in diesem Alter so munter zu sein?
- 注 選択肢の動詞 schaffen は，規則変化と不規則変化「創造する」の用法がありますが，ここでは規則変化用法です。意味は「やり遂げる」。es は，zu 不定詞句を受けます。
- 訳 ゲーテさん，あなたはとても誇りに持てる年齢に達しました。あなたはどのようにして，この年齢でそのように元気でいられることを可能にできたのですか？

▶ Die Balance des eigenen Tagesablaufes ist sehr wichtig. Eine Routine, **die** man jeden Tag verfolgt, ist entscheidend.
- 注 Routine, die … の die は関係代名詞。
- 訳 自分の一日の流れのバランスはとても重要です。毎日実践するルーティンなことが決定的なのです。

▶ Ich **stehe** jeden Morgen um 6 Uhr **auf**, mache ein gutes Frühstück und **begebe mich** dann **an die Arbeit**.
- 注 stehe … auf は分離動詞 (auf|stehen)。sich^4 an die Arbeit begeben で「仕事に取りかかる」。辞書によっては，文語調と書かれていますが，そうとは限りません。ドイツ語辞典だからといって盲目的に信じる時代は終わったようです。
- 訳 私は毎朝6時に起き，十分な朝食を作り，そしてそれから仕事にとりかかります。

▶ Ohne eine vernünftige Mahlzeit sollte man nicht in den Tag starten. (設問b；選択肢3) Jemand, der nur **aus** Haut und Knochen **besteht,** bleibt im Alter sicher **nicht** gesund.
- 注 aus + 3格 bestehen 「…^{3}からなる」
- 訳 ちゃんとした食事も食べずにその日の生活を始めるべきではありません。やせこけている（骨と皮だけの）人は歳をとったらきっと健康でいられないでしょう。

▶ Ich fühle mich manchmal **gestresst**. Geht es Ihnen auch **so**?
- 注 gestresst は stressen「ストレスを与える」の過去分詞で，一種の形容詞と理解してください（「ストレスを受けている（ように感じる）」）。so は gestresst。
- 訳 私はときどきストレスを感じます。あなたもそんな感じになりますか？

▶ Nein, eigentlich nie. Ich lasse **mich** nicht stressen.
　注 mich は stressen の４格目的語で，stressen の主語は明示されていません。省略部分を書くと，Ich lasse *jemand/etwas* mich stressen. となります。
　訳 いいえ，ふつうはまったくありません。私は私にストレスを与えさせません。

▶ Außerdem **finde** ich **es wichtig**, dass man jeden Tag etwas macht, **was** einem Spaß macht und **worauf** man **sich** während der Arbeit **freuen** kann. (設問 c；選択肢 6) Aber noch wichtiger sind Ruhephasen. Man sollte sich vom Alltag eine Auszeit nehmen.
　注 4格 ＋wichtig finden で，「…⁴を重要と思う」。es は，後ろの dass 文。was は，不定代名詞の先行詞を受ける不定関係代名詞。なお，分解的に書き直すと，etwas, *auf was* man sich … freuen kann です。sich auf＋ 4格 freuen は，「これからのことを楽しみにする」。
　訳 さらに私は毎日自分が楽しいと思うこと，そして仕事をしながら，先の楽しみにつながることをすることが重要だと思います。しかしさらに重要なのは休息時期です。日常からいわばタイムアウトをとるべきなのです。

▶ Und wie machen Sie das?
　訳 そしてあなたはそれをどのようにするのですか？

▶ **Wie Sie wissen**, reise ich sehr gerne. Die Reisen sind wichtig für mich, weil ich **so neue Eindrücke** erhalten kann, **die** ich **dann** für meine Arbeit nutze.
　注 wie Sie wissen は「もうご存知のように」という決まり文句。so neue Eindrücke は「とてもあたらしい経験」。その後の die は，Eindrücke を先行詞とする関係代名詞。dann は，「得る印象がとても新しい場合には」という意味。ドイツ語では，文の前半で述べたことを，副詞を使って後半で再度取り上げることがよくあるのです。「うまく行けば」と訳しました。
　訳 あなたもご存知のように，私は旅をするのがとても好きです。旅行は，うまくいけば，私の仕事に役立つとても新しい印象を得ることができるので，私にとって重要です。

▶ Leider sind Reisen sehr anstrengend und zeitaufwendig. Die Fahrt **mit der Pferdekutsche** ist sehr unbequem. (設問 d；選択肢 1) Deswegen ziehe ich mich oft in mein Gartenhaus zurück.

注 mit の前置詞句は，前の名詞 Fahrt を修飾します。話題が昔のゲーテですので，馬車が話題になっています。
訳 残念ながら，旅行はとても骨が折れ，また長い時間を要します。馬車に乗るのはしばしばとても楽ではありません。そんなわけで私はしばしばガーデンハウスに引きこもります。

▶ Und was **machen** Sie da?
注 「…する」という場合，tun よりも，machen の方が多く使用されるようです。
訳 そしてあなたはそこで何をするのですか？

▶ Es liegt **mitten** in der Natur. Ich kann wieder richtig durchatmen.
注 mitten は前置詞句を修飾して，「…の真ん中で」。
訳 ガーデンハウスは自然の真ん中にあります。私はふたたびしっかり深呼吸をすることができるのです。

▶ Die frische Luft, der Klang der Natur und die Tierstimmen **haben** großen **Einfluss auf** mich und meine Arbeit. Außerdem gehe ich dort meiner großen Leidenschaft nach.
注 auf + 4格 Einfluss haben 「…4に影響を与える」。
訳 新鮮な空気，自然界の響き，そして動物の声は私と私の仕事に大きな影響を与えます。さらに私はそこで私の大きな情熱に身をまかせるのです。

▶ Und **die wäre** …?
注 わかりますか？ まず，die は何か？ 女性名詞ですから，前文の Leidenschaft ですね。「あなたのいう Leidenschaft は…?」と，相手のさらなる説明を雰囲気的に誘うのですね。wäre は，接続法第2式。遠慮がちな感じを出します。
訳 そしてそれは？

▶ Die Naturwissenschaft. Sie **bietet einen** großen **Kontrast zu** meiner Arbeit als Beamter und Schriftsteller.
注 einen Kontrast zu + 3格 bieten 「…3に対するコントラストをなす」。
訳 自然科学です。それは役人であり，作家である私の仕事に対して大きな対照をなすのです。

▶ Das macht meinen Kopf frei und gibt mir Inspiration. (設問 e；選択肢 4) Abstand von der Arbeit zu nehmen, ist sehr wichtig.

- 注 冒頭の Das は主語。「そのことは私の頭を…」というのは，ドイツ語的ですね。逆に言うと，こういうドイツ語が書けるようになるといいですね。
- 訳 それにより私の頭は自由になり，インスピレーションが湧くのです。仕事から離れることはとても重要です。

▶ (設問 f：選択肢 2) Was **finden** Sie noch **wichtig für** ein langes und glückliches Leben?
- 注 4格＋wichtig finden「…⁴を重要に思う」という表現は，実によく使用されます。
- 訳 あなたは長い幸せな人生にとってまだ何が重要だと思いますか？

▶ Finanzielle Sicherheit. Ich hatte **Glück**, **dass** ich in einer gut situierten Familie **geboren wurde**.
- 注 dass 文は，Glück の内容を規定しています。dass 文は，このようによく後ろから名詞の内容を説明的に規定しますので，注意してください。たとえば das Gefühl, dass …「…という感情」。なお，日常会話で，生年月日などを話題にする場合，Wann sind Sie geboren? のように geboren sein を用います。
- 訳 経済的安定。私は，経済的に恵まれた環境に生まれました。（著者注：うらやましいですね！）

▶ Ich **musste** mir **nie** Sorgen um Geld machen. Sorgen machen anfällig für Krankheiten.
- 注 nicht (nie)＋本動詞＋müssen で「…する必要がない（＝nicht brauchen＋zu 不定詞句）」。
- 訳 私はお金の心配をまったくする必要がありませんでした。心配事というものは病気になりやすくするものです。

第8章

聞き取り

26日目　聞き取り問題（聴解テスト）

第8章　聞き取り

《はじめに》

　聞き取り試験は，短い会話を聞き，その内容として適切なものを一つ選択肢の中から選び出す形式の第1部と，長いテキストを聞かせてその内容に関する質問の答えとして適切なものを一つ選択肢の中から選び出す形式の第2部からなっています。

　例年の結果から見ると，筆記試験の正解率よりも，<u>聞き取り試験の正解率</u>の方が若干高くなっています。「恐れずに足りず！」です。

　リスニングが苦手だとの話をよく聞きます。私もリスニングが苦手でした。そこでどうリスニング対策をするかということになります。私は，読解の場合，「多読」を推奨しておりますが，リスニングの場合も，やはり「多聴」を推奨します。現在は，かつてと比べようもないほど，ドイツ語を身近に聞くことができます。その際，私たちからのアドバイスを二つほど。

　その一つは，たとえばドイツテレビ局のニュースを聞く場合，最も長く話題になり続けるであろう何らかの一つの話題に絞って聞くということです。たとえば，天気予報ならば，天気予報を，<u>すなわち同じものを毎日聞き続ける</u>ことです。話題が同じならば，使用される語彙も，基本的に同じです。それを毎日毎日聞くわけです。そうすると，最初は一つの単語しか聞き取れなくても，次の日にもう一つ，さらに次の日にもう一つ，聞き取れる単語が少しずつでも増えて来るはずです。そして，最後には，アナウンサーが何を言おうとするかも予測できるようにさえなるのではないでしょうか。

　もう一つは，理解できなくともあまり気にしないことです。外国語を聞いて理解できないと，自分の語学力の不足と考えがちですが，日本語でも，言われたことが分からなくて聞き返すことがよくありませんか？　ドイツに住み，ドイツ系の女性と結婚し，すでに云十年ドイツ語に関わって来た大学の大先輩に「ドイツでテレビを聞いていてすべてわかりますか？」と尋ねたところ，返事は「分かることしか分からない」というものでした。これは，理論的にも裏付けられるのですが，今回は，それはやめて，辿り着く結論は，「理解できなくとも落ち込まず，できるだけ多くドイツ語を聞き続ける」ことではないでしょうか？　もう云十年ドイツ語を生業にしながら，今もってリスニングの苦手な私たちのアドバイスですから，どれほど信じて頂けるか…。

第 4 週 5 日目

26 日目 聞き取り問題（聴解テスト）

月　　日

対策問題　聞き取り試験は 2 部から成り立っています。放送されるドイツ語（本書の音声に収録）に対する，解答のしかたと選択肢などは，以下に示します。試験時間は約 25 分。　（著者注：出題の文言は一部変更してあります。）

♪ 10

――――――― **第 1 部　Erster Teil** ―――――――

1. 第 1 部は問題 (A) から (D) まであります。
2. 問題ごとに短い会話を 2 回聞いてください。会話の内容に合致しているものを選択肢 1～3 の中から一つ選び，その番号を解答欄の□に記入してください。メモは自由にとってかまいません。
3. 第 1 部終了後，第 2 部が始まるまで，30 秒の空き時間があります。

問題 (A)～(D) に対する解答の選択肢

(A)　1　Holger ist bei Rot über die Kreuzung gefahren.
　　　2　Holger hat mit seinem Auto einen Fahrradfahrer angefahren.
　　　3　Holger ist Fahrrad gefahren und ein Auto hat ihn angefahren.

(B)　1　Der Mann hatte Kartoffelsalat, ein kleines Bier und ein großes Mineralwasser.
　　　2　Die Frau hatte eine Bratwurst und ein großes Mineralwasser.
　　　3　Der Mann hatte ein Schnitzel und ein großes Mineralwasser.

(C)　1　Frau Meyer bekommt einen Termin am 26. am Nachmittag.
　　　2　Frau Meyer bekommt einen Termin am 26. am Vormittag.
　　　3　Frau Meyer bekommt einen Termin am 27. am Vormittag.

(D)　1　Sie treffen sich um 14.43 Uhr an Gleis 16.
　　　2　Sie treffen sich um 14.43 Uhr an Gleis 13.
　　　3　Sie treffen sich um 14.15 Uhr in der Nähe von Gleis 13.

解答欄　□　□　□　□

♪ 11

第2部　Zweiter Teil

1. 第2部は，質問 (A) から (E) まであります。
2. 最初にドイツ語のテキスト（留守番電話のテキスト）を聞いてください。
3. その後，質問 (A) を1回，それに対する解答の選択肢 1〜3 をそれぞれ2回読み上げます。それらの中で最もふさわしいものを一つ選び，その番号を解答欄の□に記入してください。
4. 以下同じように，質問 (B) から (E) まで進みます。
5. もう一度，ドイツ語のテキストとそれに対する質問および解答の選択肢を読み上げます。メモは自由にとってかまいません。

質問 (A)〜(E) に対する答えの選択肢

質問 (A)　Wo wohnt Claudia?
　　　　　1
　　　　　2
　　　　　3

質問 (B)　Was machen die beiden Frauen, gleich nachdem sie sich am Bahnhof getroffen haben?
　　　　　1
　　　　　2
　　　　　3

質問 (C)　Was können Claudia und Franziska in Berlin nicht machen?
　　　　　1
　　　　　2
　　　　　3

質問 (D)　Was wollen sie nach dem Museumsbesuch machen?
　　　　　1
　　　　　2
　　　　　3

質問 (E)　Was möchte Franziska im Sommer machen?
　　　　　1
　　　　　2
　　　　　3

解答欄　□　□　□　□　□

解説と解答

第 1 部

　第 1 部では，短い会話を聞き，その内容に合致しているものを一つ選ぶ聞き取りテストです。内容は日常的なことですので，要は，ドイツ語が聞き取れるかどうかが問題です。放送された会話文と選択肢の訳を下に挙げます。なお，テキスト自体は，あまり難しくありませんので，文法的な注は，必要に応じてということにします。

問題 (A)：正解は 3
《放送されたドイツ語と訳》

A: Wie siehst du denn aus, Holger?
　　ホルガー，何という姿をしているのですか？
B: Ich hatte einen Unfall.　僕は事故にあったのです。
A: Was ist passiert?　何が起きたのですか？
B: Ich bin mit dem Fahrrad bei Grün über eine Kreuzung gefahren.
　　僕は自転車で青信号の時に交差点を渡ったんだ。
　Genau da ist ein Auto bei Rot[1] über die Ampel[2] gefahren und hat mich angefahren.
　　ちょうどそのとき一台の自動車が赤信号の交差点に突っ込んで来て，僕にぶつかったんだ。
　　1=「赤信号の際に」　2=「信号機を越えて」

《選択肢と訳》

1　Holger ist bei Rot über die Kreuzung gefahren.
　　ホルガーは赤信号の時に交差点を渡って行きました。
2　Holger hat mit seinem Auto einen Fahrradfahrer angefahren.
　　ホルガーは彼の車で自転車に乗っていた人にぶつかりました。
3　Holger ist Fahrrad* gefahren und ein Auto hat ihn angefahren.
　　ホルガーは自転車に乗っていて，そして車が彼にぶつかりました。
　　*Fahrrad fahren のように無冠詞で用います。

問題（B）：正解は **2**

《放送されたドイツ語と訳》

A: Zahlen Sie zusammen oder getrennt?
お支払いは一緒ですか，別々ですか？

B: Getrennt, bitte.
別々にお願いします。

Ich zahle das Schnitzel mit Kartoffelsalat und das große Bier.
僕はポテトサラダ付きのシュニッツェルとビールの大を払います。

C: Du hattest doch auch das kleine Mineralwasser.
あなたはミネラルウォーターの小ももらったわよね。

B: Nein, das hattest du zusammen mit der Bratwurst.
いいや，それは君が焼きソーセージと一緒にもらったものだよ。

C: Nein, ich hatte das große Mineralwasser.
いいえ，私がもらったのはミネラルウォーターの大よ。

《選択肢と訳》

1　Der Mann hatte Kartoffelsalat, ein kleines Bier und ein großes Mineralwasser.
男性はポテトサラダ，ビールの小，そしてミネラルウォーターの大をもらいました。

2　Die Frau hatte eine Bratwurst und ein großes Mineralwasser.
女性は焼きソーセージとミネラルウォーターの大をもらいました。

3　Der Mann hatte ein Schnitzel und ein großes Mineralwasser.
男性はシュニッツェルとミネラルウォーターの大をもらいました。

問題（C）：正解は **3**

《放送されたドイツ語と訳》

A: Guten Tag, hier ist Meyer.
こんにちは，マイアーです。

Ich hätte gern einen Friseurtermin am 26. Mai.
5月26日に美容院の予約を入れたいのですが。

B: Guten Tag, Frau Meyer.
こんにちは，マイアーさん。

Am 26. haben wir nur noch Termine am Nachmittag frei.
26日は午後だけ少し予約が可能です。

A: Das ist schlecht. Ich habe am Nachmittag schon etwas vor.
　　それはまずいですね。午後にもう予定があるのです。
　　Wie ist es* am nächsten Tag?
　　次の日はどうでしょうか？
　　*Wie ist es …?「…は都合がどうでしょうか」。
B: Ja, da können Sie einen Termin um 11 Uhr bekommen.
　　はい，それならば，11 時に予約を入れることができます。

《選択肢と訳》
1　Frau Meyer bekommt einen Termin am 26. Mai am Nachmittag.
　　マイアーさんは 8 月 26 日午後に予約を入れてもらいます。
2　Frau Meyer bekommt einen Termin am 26. Mai am Vormittag.
　　マイアーさんは 8 月 26 日午前に予約を入れてもらいます。
3　Frau Meyer bekommt einen Termin am 27. Mai am Vormittag.
　　マイアーさんは 8 月 27 日午前に予約を入れてもらいます。

問題 (D)：正解は 3
《放送されたドイツ語と訳》
A: Eva, wann und wo treffen wir uns morgen?
　　エーファ，私たちは明日何時にどこで会いましょうか？
B: Der Zug fährt von Gleis* 16 um 14.43 Uhr ab.
　　列車は 14 時 43 分に 16 番線から出発します。
　　*Gleis は無冠詞で用います。
　　In der Nähe von Gleis 13 gibt es ein kleines Café.
　　13 番線の近くに小さな喫茶店がありますね。
　　Dort können wir uns um Viertel nach zwei treffen.
　　そこで私たちは 2 時 15 分に会うことができます。

《選択肢と訳》
1　Sie treffen sich um 14.43 Uhr an Gleis 16.
　　彼らは 14 時 43 分に 16 番線で会います。
2　Sie treffen sich um 14.43 Uhr an Gleis 13.
　　彼らは 14 時 43 分に 13 番線で会います。
3　Sie treffen sich um 14.15 Uhr in der Nähe von Gleis 13.
　　彼らは 14 時 15 分に 13 番線の近くで会います。

第 2 部

　第 2 部では，長めのテキストを聞き，その内容に合致するものを一つ選ぶ聞き取りテストです。第 1 部と同じように，内容は，日常的なことですので，ドイツ語が聞き取れるかどうかが問題です。放送されたテキストと注と訳を挙げます。

《放送されたテキストと注と訳》

▸ Hallo Claudia! Hier ist Franziska. Schade, dass du gerade nicht **erreichbar** bist.
　注 erreichbar の erreich- は erreichen「連絡がつく」の語幹。
　訳 こんにちは，クラウディア！ フランツィスカ。今連絡がつかないのは残念だわ。

▸ Du bist wahrscheinlich noch an der Uni. Ich freue mich schon so sehr, wenn du nach Berlin kommst. **Du wirst sehen**, Berlin ist ganz anders als Düsseldorf.
　注 Du wirst sehen が主文的で，次の Berlin ist … は副文的。しかし，意味的には，後半の部分が主ですね。Du wirst sehen, dass … のように，後半が dass 文になる場合は，主文が意味的にも主になります。
　訳 あなたはたぶんまだ大学なのね。私は，あなたがベルリンに来るならば，もうとても楽しみにしています。来れば分かるでしょうが，ベルリンはデュッセルドルフとまったく違います。

▸ Ich hole dich um 16.40 Uhr am Hauptbahnhof ab. Da du bestimmt müde sein **wirst**, gehen wir **erst mal** in ein Café. Um halb sechs kommt auch mein Freund Martin. Dann kannst du ihn endlich kennenlernen. Er freut sich schon, dich zu treffen.
　注 2 番目の文は，未来形で，推量の意味。erst mal は「まずは」。
　訳 私はあなたを 16 時 40 分に中央駅で出迎えます。あなたはきっと疲れていることでしょうから，私たちはまずは喫茶店に行きましょう。5 時半には私のボーイフレンドのマルティンも来ます。その時あなたは彼とやっと知り合いになることができます。彼はあなたに会うことをもう楽しみにしています。

▸ Am Abend gehen wir zu **Freunden** von mir. Sie kochen **etwas Leckeres** für uns.

- 注 Freund も，mein Freund のように所有冠詞が付くと特別な友人，すなわちボーイフレンド。Freunde von mir とすると，普通の友人。また，etwas Leckeres の lecker は，「おいしい」という意味の形容詞。
- 訳 夕方は私たちは私の友人たちのところに行きます。彼らは私たちのために美味しいものを料理してくれます。

▶ Hast du Lust **zu tanzen**? Ich kenne eine tolle Disco. **Dort** können wir **feiern gehen**.
- 注 zu tanzen は名詞 Lust に関連する zu 不定詞句です。次に，最後の文 Dort … ですが，まず，文頭の dort は feiern と一つの意味的なまとまりを作ることを確認してください（「そこで楽しいひと時を過ごす」）。それが動詞 gehen と結びつくと，「そこで楽しいひと時を過ごす」+「行く」になります（*dort feiern*＋gehen）。そして，最後に副詞 dort を文頭に持っていったのがこの文ということになります。
- 訳 あなたはダンスをしたいと思いますか？ 私はすてきなディスコを知っています。そこで楽しいひと時を過ごしに行くことができます。

▶ Am nächsten Morgen **würde** ich gerne mit dir zum **Brunch** in ein Café **gehen**. Das Büfett kostet nur 8 Euro und man kann so viel essen, wie man will.
- 注 würde … gerne は，自分の考えを控えめ的に述べる表現。Brunch は「ブランチ」（昼食を兼ねた遅い朝食）。
- 訳 次の朝は，私はあなたとブランチを食べに喫茶店に行きたいわ。ビュッフェはたった 8 ユーロで，好きなだけ食べることができるの。

▶ Danach gehen wir zur Museumsinsel. Leider ist das Pergamonmuseum wegen Bauarbeiten geschlossen. Also besuchen wir das **Neue** Museum. Die Ausstellung über Ägypten ist sehr interessant.
- 注 Neue と大文字になっているのは，単に「新しい」という意味ではなく，「新博物館」という固有名詞の一部であるためです。
- 訳 その後は，博物館島に行きます。残念ながら，ペルガモン博物館は建設工事のため閉まっています。そのため，私たちは新博物館に行きます。エジプトに関する展示はとても興味深いものです。

▶ Nach dem Museum gehen wir zur Kaiser-Wilhelm-Gedächtniskirche und später können wir noch auf dem Kurfürstendamm **shoppen** gehen. Ich kenne ein paar super Geschäfte.

> 注 shoppen「買い物をする」は，英語の shop をドイツ語にしたもの。なぜ sho**p**en としないで，sho**pp**en としたのか分かりますか？ 前者だと，発音は［ショーペン］。やはり［ショッペン］の方がいいと思いませんか？

> 訳 その博物館の後，カイザーヴィルヘルム記念教会に行き，そして後にさらにクアフュルステンダム（注：通りの名前）での買い物に行くこともできます。私はいくつか超現代的な店を知っています。

▶ Dort gibt es auch tolle Restaurants. Im Europa-Center gibt es ein sehr gutes japanisches Lokal. Aber es ist sehr teuer. Seit ich Japanologie studiere, versuche ich in viele japanische Restaurants zu gehen und mit dem Personal auf Japanisch zu reden. Noch ist es ein bisschen schwer.

> 注 僕も，英語を学び始めた中学生の頃，当時作られたばかりの東京タワーに出かけて行き，アメリカ兵を見つけては How do you do? と話しかけてみたのですが，しかしその後がなかなか続きませんでしたね（老いた方の著者雑談）。

> 訳 そこには素敵なレストランもあります。ヨーロッパセンターにはとてもいい日本料理店があります。しかしそれはとても高いです。私が日本学を専攻して以来，私はたくさんの日本料理レストランに行き，従業員と日本語で話すことを試みています。それはまだ少し難しいです。

▶ Aber wenn ich im Herbst als **Austauschstudentin** nach Kyoto gehe, wird mein Japanisch sicher schnell besser. Schade, dass du nur zwei Tage bleiben kannst.

> 注 Austauschstudentin と女性形になっているのに気づきましたか？ 問題になっている人が男性なのか女性なのかここまで意識するのですね。

> 訳 しかしもし秋に交換留学生として京都に行けば，私の日本語もきっとすぐによりよくなるでしょう。あなたがたった二日しかいられないのは残念です。

▶ Im Sommer komme ich zu dir. Dann kannst du mir Düsseldorf zeigen. Dort wohnen **ja** so viele Japaner. Du kennst bestimmt einige japanische Geschäfte. Ich möchte viele Zutaten kaufen, damit ich selbst japanisch kochen kann.

- 注 ja は，デュッセルドルフに行きたいと思う理由を表し，「…ですもんね」。
- 訳 夏には，私はあなたのところに行きます。そのときあなたは私にデュッセルドルフを見せてくれますよね。そこには本当にたくさんの日本人が住んでいますものね。あなたはきっといくつかの日本の商品を扱っている店を知っていますね。私は自分で日本料理を作るために，食材をたくさん買いたいのです。

▶ Ich würde auch gerne Köln besuchen. Dort war ich noch nie. **Ich freue mich auf dich**. Bis bald!

- 注 Ich freue mich auf dich. は，正確に書けば，Ich freue mich auf deinen Besuch. なのですが，この夏，日本に来るドイツ人から Ich freue mich schon sehr **auf Japan.**「もう日本に行くことをとても楽しみにしています」とのメールをもらいました。
- 訳 私はケルンにも行ってみたいと思っています。そこに私はまだ行ったことがないのです。私はあなたに会えることを楽しみにしています。じゃあね（間もなく会えるまで）。

質問 (A)：正解は **2**
《質問文》
Wo wohnt Claudia?　クラウディアはどこに住んでいますか？
《選択肢》
1 In Berlin.　ベルリンです。
2 In Düsseldorf.　デュッセルドルフです。
3 In Köln.　ケルンです。

質問 (B)：正解は **1**
《質問文》
Was machen die beiden Frauen, gleich nachdem sie sich am Bahnhof getroffen haben?
　二人の女性は，駅で会った後すぐ何をしますか？
《選択肢》
1 Sie gehen in ein Café.　彼らは喫茶店へ行きます。
2 Sie gehen zu Freunden essen.　彼らは友人のところで食事をしにいきます。
3 Sie gehen tanzen.　彼らはダンスをしに行きます。

質問（C）：正解は **1**

《質問文》

Was können Claudia und Franziska in Berlin nicht machen?
クラウディアとフランツィスカはベルリンで何をすることできませんか？

《選択肢》

1　Das Pergamonmuseum besuchen.　ペルガモン博物館を見学すること。
2　In ein japanisches Restaurant gehen.　日本食レストランに行くこと。
3　In eine Disco gehen.　ディスコに行くこと。

質問（D）：正解は **3**

《質問文》

Was wollen sie nach dem Museumsbesuch machen?
彼らは博物館を見学した後，何をするつもりですか？

《選択肢》

1　Japanisch kochen.
　　日本食を料理すること。
2　In das japanische Restaurant im Europa-Center gehen.
　　ヨーロッパセンターの日本食レストランに行くこと。
3　Die Kaiser-Wilhelm-Gedächtniskirche besuchen.
　　カイザーヴィルヘルム記念教会に行くこと。

質問（E）：正解は **2**

《質問文》

Was möchte Franziska im Sommer machen?
フランツィスカは夏に何をしたいと思っていますか？

《選択肢》

1　Nach Kyoto fliegen.　京都に行くこと。
2　Claudia in Düsseldorf besuchen.
　　デュッセルドルフのクラウディアを訪問すること。
3　Claudia Köln zeigen.　クラウディアにケルンを見せること。

第9章

総仕上げ

27日目　模擬テスト1（筆記試験）
28日目　模擬テスト2（聞き取り試験）

第9章　総仕上げ

《はじめに》

　【独検2級】の実際の出題形式にならった模擬試験です。全体的に量が多いので，筆記試験（80分）を27日目の学習対象として，聞き取り試験（約30分）を28日目の学習対象としましたが，余力のある方は，試験本番のつもりで，一括して取り組んでみてください。

　本書の模擬試験の配点は，実際の試験に合わせて，筆記試験の素点108点，聞き取り試験32点としてあります。合計すると140点になりますので，それを100点満点に換算し，60点以上を一応合格と考えることにしましょう。

　合格点60点に達した人も，達しなかった人も，是非もう一度，自分の弱点がどこにあるかを確認して，本書の，それに該当する箇所を再度読み直してください。「この本はしっかり勉強すれば，合格に役立つ」──みなさんにそう思われたく，気合いを入れて本書を作成しました。本書を読まれた方が一人でも多く合格されることを心から祈りますし，また，みなさんの合格は，私たち自身の喜びでもあります。

　なお，受験に際しての細かな指示などに関しては，試験会場での不必要な緊張を避けるためにも『独検過去問題集』の実物サンプルを見て，確認しておいてもらいたいと思います。

27日目 模擬テスト1

第4週 6日目

月　　日

筆記試験　（試験時間80分）

1 次の (1)～(4) の条件に当てはまるものが各組に一つずつあります。それを下の 1～4 のうちから一つ選び，その番号を解答欄に記入しなさい。（配点 3点×4）

(1) 名詞の複数形の作り方が他の三つの単語と異なる単語。

　　1　die Antwort　　2　der Polizist　　3　der Stern　　4　das Hemd

(2) 不定形―過去基本形―過去分詞の語幹の母音の変化が geben (geben - gab - gegeben) と異なる動詞。

　　1　lesen　　　　2　sehen　　　　3　stehlen　　　　4　treten

(3) 次の会話の空欄部に入れるのに最も適切なもの。(2010年春)

　A: Nimmst du auch ein Steak? Du magst Fleisch, oder?
　B: Nein. (　　)

　　1　Seit einem Jahr esse ich kein mehr Fleisch.
　　2　Seit einem Jahr esse ich kein Fleisch mehr.
　　3　Seit einem Jahr esse ich nicht Fleisch mehr.
　　4　Seit einem Jahr esse ich mehr Fleisch nicht.

(4) 意味のまとまりに即して区切って読む場合，最も適切なもの。なお，「／」は区切りを示します。　　　　　　　　　　　　（2012年秋）

1　Er gab / von Anfang / an den Ton an, / da er von Berufs wegen / mehr Erfahrung hatte.

2　Er gab / von Anfang an / den Ton an, / da er von Berufs wegen / mehr Erfahrung hatte.

3　Er gab / von Anfang an / den Ton an, / da er von Berufs wegen mehr / Erfahrung hatte.

4　Er gab / von Anfang / an den Ton an, / da er von Berufs wegen mehr / Erfahrung hatte.

解答欄　(1) ☐　(2) ☐　(3) ☐　(4) ☐

2 次の (1)～(4) の文で（　）の中に入れるのに最も適切な前置詞を下の1～8のうちから選び，その番号を解答欄に記入しなさい。ただし，同じ前置詞を二度使ってはいけません。（配点3点×4）

(1) Wir dürfen nicht (　　) die Regeln verstoßen.　　　（2011年秋）

(2) Fragen Sie bitte im Voraus (　　) den Kosten der Reparatur!

　　　　　　　　　　　　　　　　　　　　　　　　　　　（2009年春）

(3) Er besteht (　　) der Erfüllung seines Vertrags.

(4) Der Chef hat meinen Urlaub (　　) fünf Tage verlängert.

　　1　auf　　　2　für　　　3　gegen　　4　nach
　　5　um　　　6　unter　　7　wegen　　8　zu

解答欄　(1) ☐　(2) ☐　(3) ☐　(4) ☐

3 次の (1)～(5) の a と b の文がほぼ同じ意味になるように ( ) の中に最も適切な一語を入れて，b の文を完成させなさい。解答は解答欄に記入しなさい。(配点 4 点×5)

(1) a　Wie heißt der Lehrer? Du findest den Unterricht des Lehrers so interessant.
　　b　Wie heißt der Lehrer, (　　) Unterricht du so interessant findest?

(2) a　Er hat Fieber und muss deshalb zum Arzt gehen.
　　b　Er muss zum Arzt gehen, (　　) er Fieber hat.

(3) a　Er hat mir Blumen geschenkt.
　　b　Ich habe von ihm Blumen geschenkt (　　).

(4) a　Es ist nicht leicht, seine Schuld zu beweisen.　　(2012 年秋)
　　b　Seine Schuld (　　) sich nicht leicht beweisen.

(5) a　Maria sagte: „Ich habe Bauchschmerzen."
　　b　Maria sagte, dass sie Bauchschmerzen (　　).

解答欄　(1) [　　]　(2) [　　]　(3) [　　]
　　　　(4) [　　]　(5) [　　]

4

次の (1) と (4) の文で (　) の中に入れるのに最も適切なものを下の 1～4 の中から一つ選び，その番号を解答欄に記入しなさい。

(配点 3 点×4)

(1) Gestern (　) ich ihr auf einer Party zufällig begegnet.

 1　kann 2　wird 3　hat 4　bin

(2) (　) Sie das Stipendium bekommen, hängt vom Einkommen Ihrer Eltern ab.　　　(2010 年秋)

 1　Dass 2　Ob 3　Während 4　Wenn

(3) Ich bin fest (　) überzeugt, dass er unschuldig ist.　　(2012 年春)

 1　darüber 2　darin 3　davon 4　dazu

(4) Ich konnte gar nicht verstehen, (　) es sich in der Sitzung gehandelt hat.　　(2012 年秋)

 1　wovon 2　worum 3　worüber 4　worauf

解答欄　(1) ☐　(2) ☐　(3) ☐　(4) ☐

5

次の (1) と (2) の文章を読んで，それぞれの内容に合うものを 1〜3 のうちから一つ選び，その番号を解答欄に記入しなさい。

(配点 4 点×2)

♪ 12

(1) Wasser – Segen und Fluch. Unser Planet, die Erde, und auch unser Körper bestehen größtenteils aus Wasser. Wasser stellt unsere wichtigste Lebensgrundlage dar. Doch gerade in den letzten Jahren ist Wasser oft zu einer Bedrohung für uns geworden: starke Regenfälle, Tsunamis und der ansteigende Meeresspiegel. Die Naturkatastrophen zeigen, wie unkontrollierbar die Kraft des Wassers ist.
Innerhalb von zehn Jahren wurde Deutschland zweimal von einem verheerenden Hochwasser, das durch starke Regenfälle ausgelöst wurde, bedroht. Viele Gegenden vor allem im Osten des Landes wurden überschwemmt. Die Menschen haben zusammen gegen die Bedrohung gekämpft und konnten das Schlimmste abwenden.
Die Wetterprognosen zerstören jede Hoffnung auf eine Besserung dieser Situation. Vermehrte und lang anhaltende Regenfälle werden auch in Zukunft einen Teil unseres Lebens darstellen.

1 Wasser bedroht unser Leben. So haben Regenfälle, Tsunamis und auch der steigende Meeresspiegel in den letzten zehn Jahren zweimal ein Hochwasser in Deutschland ausgelöst.
2 Naturkatastrophen haben in den letzten Jahren zugenommen. So wurde Deutschland in den letzten zehn Jahren zweimal von Hochwasser bedroht. Weite Teile des Landes wurden überschwemmt.
3 Deutschland wurde in den letzten zehn Jahren zweimal von einem großen Hochwasser bedroht. Auch in Zukunft ist mit weiteren Hochwassern zu rechnen.

解答欄 ☐

♪ （2） Gewalt in Familien gehört für viele Kinder leider zum Alltag. Ein
13 Viertel der befragten 900 Kinder einer Studie der Universität Bielefeld gab demnach an, manchmal oder sogar oft geschlagen zu werden. Besonders stark betroffen seien Kinder aus sozial benachteiligten Familien. Hier gaben 32% der Kinder an, Gewalt zu erfahren. Die Betroffenen leiden jedoch nicht nur unter körperlicher Gewalt, sondern auch unter verbaler Gewalt. Über 25% der Kinder aus sozial schwachen Familien würden von ihren Eltern als dumm oder faul beschimpft. Zudem gaben 45% dieser Kinder an, von den Lehrern benachteiligt zu werden. Sie seien auch oft Opfer vom Mobbing* ihrer Mitschüler. Kinder aus besseren Verhältnissen hingegen beobachten dieses Phänomen seltener. Nur 23% bestätigten dies.

*Mobbing：いじめ

1 Kinder aus schlechten sozialen Verhältnissen sind häufiger Opfer körperlicher oder verbaler Gewalt. 32% dieser Kinder werden manchmal oder oft geschlagen oder von ihren Eltern beschimpft.

2 An Schulen gibt es eine Benachteiligung von Kindern aus sozial schwachen Familien. Kinder aus stabilen sozialen Verhältnissen nehmen diese Benachteiligung jedoch nicht so stark wahr.

3 Kinder aus besseren sozialen Verhältnissen leiden weniger an Gewalt als Kindern aus schlechteren sozialen Verhältnissen. Während 32% der Kinder aus ärmeren Familien Gewalt erfahren, sind es bei den besser gestellten Kindern nur 25%.

解答欄 ☐

6 次の文章は、「ボディー・ランゲージ」について書かれた文章です。これを読んで (1)〜(6) の問いに答えなさい。 (2011年春)

(配点 (1)〜(4) 3点×4, (5)(6) 4点×3)

♪ 14

　　Die Körpersprache unserer Mitmenschen verstehen zu können, ist in vielen Situationen sehr hilfreich. Die unbewussten Signale und Gesten, die wir an anderen Menschen beobachten können, erleichtern uns den Umgang mit (a)ihnen — vor allem, wenn wir es mit Personen zu tun haben, die wir kaum oder noch nicht kennen. Doch auch bei vertrauten Menschen helfen uns bestimmte Verhaltensweisen, ihre wahren Gedanken oder Gefühle zu erkennen. Die Körpersprache unseres Gegenübers zu verstehen, verbessert in jedem Fall das Miteinander — im privaten sowie im beruflichen Bereich.

　　Doch (b)worauf kommt es an bei der Körpersprache? Bei der Interpretation von körpersprachlichen Signalen ist es wichtig, das Zusammenspiel mehrerer Faktoren zu berücksichtigen — so zum Beispiel, was jemand sagt, und wie er es sagt.

　　Körpersignale können dabei verstärkend oder widersprüchlich wirken — oder sogar Worte ganz ersetzen. Überzeugend ist unser Gegenüber, wenn seine Gestik, Mimik und Haltung das Gleiche mitteilen wie die Worte selbst. So ärgert sich jemand ganz öffentlich, wenn er mit der Faust auf den Tisch schlägt und gleichzeitig seine (c)Wut auch verbal, also mit Worten, ausdrückt.

　　Wenn jemand dagegen etwas sagt, das er nicht wirklich denkt oder fühlt, dann widersprechen die Körpersignale seinen Worten. Schließlich (A) Gesten und Mimik immer die wahren Gefühle. Stimmt Ihr Gesprächspartner Ihnen zum Beispiel verbal zu und fährt sich dabei mit der Hand über den Mund, ist das ein Zeichen dafür, dass er in Wahrheit nicht einverstanden ist. Durch dieses Verhalten wirkt der Betreffende wenig vertrauenswürdig.

Manchmal lässt sich durch Körpersprache sogar so viel ausdrücken, dass es keiner Sprache mehr bedarf. So bedeutet beispielsweise ein Nicken Zustimmung, während ein Kopfschütteln dagegen Ablehnung signalisiert.

(1) 下線部 (a) の ihnen と入れ替え可能なものを次の 1〜4 のうちから一つ選び，その番号を解答欄に記入しなさい。

    1 den Situationen des täglichen Lebens
    2 den unbewussten Signalen
    3 den anderen Menschen
    4 Personen, die wir kaum oder noch nicht kennen

(2) 下線部 (b) の内容として適切なものを次の 1〜4 のうちから一つ選び，その番号を解答欄に記入しなさい。

    1 ボディー・ランゲージに関して肝心なことは何か？
    2 ボディー・ランゲージを使っているとどういう結果にあるか？
    3 ボディー・ランゲージの後には何が続くか？
    4 ボディー・ランゲージを使っている人々は何をしようとしているか？

(3) 下線部 (c) の Wut の意味として適切なものを次の 1〜4 から一つ選び，その番号を解答欄に記入しなさい。

    1 Ablehnung   2 Gedanke   3 Zustimmung   4 Ärger

(4) 空欄 (A) に当てはまる動詞として最も適切なものを次の 1〜4 のうちから選び，その番号を解答欄に記入しなさい。

    1 sagen   2 zeigen   3 erkennen   4 machen

(5) 本文中で Körpersprache の意味では用いられていない語を次の 1〜4 のうちから一つ選び，その番号を解答欄に記入しなさい。

1　Signale　　2　Mimik　　3　Gefühle　　4　Verhalten

(6) 本文の内容に合うものを次の1〜5のうちから二つ選び，その番号を解答欄に記入しなさい。ただし，番号の順序は問いません。

1　ボディー・ランゲージを理解できれば，仕事上でも他人とのつきあいが楽になる。
2　話す内容と話し方だけがボディー・ランゲージの理解の上で重要になる。
3　話す内容とボディー・ランゲージが一致しないと，話し相手の信用は得られない。
4　ボディー・ランゲージは意識的に用いるものである。
5　ボディー・ランゲージは重要なので，常に言葉の代用となる。

解答欄　(1)　□　　(2)　□　　(3)　□　　(4)　□　　(5)　□
　　　　(6)　□　□

7

次の会話を読み，空欄 (a)～(e) に入れるのに最も適切なものを右の1～5のうちから選び，その番号を解答欄に記入しなさい。(2010年春)

(配点 4 点×5)

♪ 15

Antonia: Hast du eigentlich Geschwister?
Ralf: Ja, ich habe eine Schwester und zwei Brüder.
Antonia: Wirklich? Drei Geschwister?
Dann seid ihr ja eine richtig große Familie. Toll…
Ralf: Ja, so etwas gibt es heute kaum noch. (a)
Antonia: Leider. Ich habe mir immer jemanden gewünscht, mit dem man spielen und reden kann.
Ralf: Ja, das ist schon toll. Man ist nie allein. Aber so eine große Familie kann auch ganz schön anstrengend sein. Man hat nie Ruhe, und natürlich gibt es zwischen den Geschwistern auch manchmal Streit.
Antonia: (b)
Ralf: Jetzt schon, aber als wir noch jünger waren, da haben wir öfter mal gestritten. Aber wir hatten natürlich auch viel Spaß miteinander.
Antonia: Was machen deine Geschwister heute?
Ralf: Sie leben alle in der Nähe von Bremen. Mein älterer Bruder ist verheiratet und hat auch schon Nachwuchs, aber die beiden anderen sind noch ledig.
Antonia: Also, wenn ich mal eine Familie gründe, dann will ich mindestens zwei Kinder haben.
Ralf: (c)
Antonia: Klar, ich bin ja erst 22. Ich will auf jeden Fall nach dem Studium erst ein paar Jahre Berufserfahrung sammeln und Karriere machen. Und dann sehen wir weiter. Vielleicht kümmert sich ja mein Mann um die Kinder.
(d)

Ralf: Ach du, über das Thema habe ich mir noch keine Gedanken gemacht. Im Moment fühle ich mich noch viel zu jung dafür.
Antonia: (e)
Ralf: Fang bloß nicht mit der Geschichte an. Ich habe letzte Woche den Laufpass bekommen.
Antonia: Du Armer. Dann reden wir besser von etwas anderem!

1 Gehst du eigentlich noch mit dieser Friseuse?
2 Und wie sieht es bei dir aus?
3 Und du? Bist du ein Einzelkind?
4 Aber damit lässt du dir noch ein bisschen Zeit, oder?
5 Versteht ihr euch denn nicht gut?

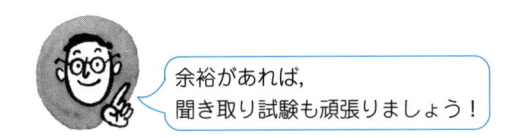

解答欄 (a) ☐　(b) ☐　(c) ☐　(d) ☐　(e) ☐

余裕があれば，聞き取り試験も頑張りましょう！

28日目 模擬テスト2

第4週 7日目

月　日

聞き取り試験 （試験時間は約30分）

聞き取り試験は2部から成り立っています。以下の説明を読み，放送されるドイツ語（本書の音声に収録）を聞いて解答しなさい。　　　　　　　　（2011年秋）

（著者注：この部分は要点を抜粋しました。）

♪ 16

―― 第1部　Erster Teil ――

（配点3点×4）

1. 第1部は（A）から（D）まであります。
2. 問題ごとに短い会話を2回聞いてください。会話の内容に合致しているものを選択肢1〜3の中から一つ選び，その番号を解答欄に記入しなさい。
3. メモは自由にとってかまいません。
4. 第1部終了後，第2部が始まるまで，30秒の空き時間があります。

問題（A）〜（D）に対する解答の選択肢

（A）　1　Die beiden wollen zu Hause kochen.
　　　2　Die Pizza hat nicht gut geschmeckt.
　　　3　Paula möchte Sushi essen.

（B）　1　Frau Huber fängt um 8.30 Uhr an zu arbeiten.
　　　2　Frau Huber macht jeden Tag zwei Stunden Mittagspause.
　　　3　Auch am Freitag arbeitet Frau Huber ganztags.

(C) 1 Andreas war alleine in Spanien.
    2 Das Wetter war schlecht in Spanien.
    3 Andreas hat kalte Füße bekommen.

(D) 1 Frau Bauer ist krank.
    2 Frau Bauer ist noch in der U-Bahn.
    3 Herr Rode soll morgen wieder kommen.

解答欄　(A) ☐　(B) ☐　(C) ☐　(D) ☐

♪ 17

第 2 部　Zweiter Teil
(配点 4 点×5)

1. 第 2 部は質問 (A) から (E) まであります。
2. 最初にドイツ語の講演を聞いてください。
3. その後，質問 (A) を 1 回，それに対する解答の選択肢 1〜3 をそれぞれ 2 回読み上げます。最もふさわしいものを一つ選び，その番号を解答欄に記入してください。
4. 以下同じように質問 (B) から (E) まで進みます。
5. もう一度，講演とそれに対する質問および解答の選択肢を読み上げます。
6. メモは自由にとってかまいません。

質問 (A)〜(E) とそれに対応する答えの選択肢

質問（A）　Wie heißt das Thema?
　　　　　　　1
　　　　　　　2
　　　　　　　3

質問（B）　Für welche Familien wurden früher die Wohnungen gebaut?
　　　　　　　1
　　　　　　　2
　　　　　　　3

質問（C）　Welche Personengruppe lebt heute hauptsächlich in den Großstädten?
　　　　　　　1
　　　　　　　2
　　　　　　　3

質問（D）　Was für Möbel möchte man heute haben?
　　　　　　　1
　　　　　　　2
　　　　　　　3

質問（E） Welche Aufgaben haben die Architekten heute?
　　　　　1
　　　　　2
　　　　　3

　　　　解答欄　(A) ☐　　(B) ☐　　(C) ☐　　(D) ☐　　(E) ☐

著 者

在間　進
　　東京外国語大学名誉教授
亀ヶ谷昌秀
　　慶應義塾大学理工学部講師

独検合格4週間
《2級》

2013年11月15日　初版発行
2023年11月25日　7版発行

著者　在間　進
　　　亀ヶ谷昌秀
発行者　柏倉健介
印刷所　幸和印刷株式会社

発行所　（株）郁文堂　〒113-0033　東京都文京区本郷5-30-21
　　　　　　　　　　　Tel. 03-3814-5571　振替 00170-9-452287
落丁・乱丁本はお取り替えいたします

Printed in Japan
ISBN 978-4-261-07354-6

好評 ドイツ語参考書

文法解説書

リファレンス・ドイツ語
―ドイツ語文法の「すべて」がわかる―

在間　進 著　　2色刷・A5変型判
308頁・本体1,800円＋税

★初級‐中級ドイツ語学習者のための最強文法事典
★2色で見やすく、わかりやすく詳細な解説

独検対応

好評 単語集

新・独検合格 単語＋熟語 1800

在間　進／亀ヶ谷昌秀　共著
CD2枚付・2色刷・A5変型判
272頁・本体2,300円＋税

★超基礎（5級）〜4・3・2級レベルに対応
★シンプルで覚えやすい例文と見やすいレイアウト

独検対応

独検合格シリーズ

★最新の過去問題を分析し、対策をアドバイス
★CDで聞き取り対策もしっかり行います

在間　進
亀ヶ谷昌秀　共著

5〜2級 全てCD付・2色刷・A5判

独検合格4週間 neu《5級》	160頁	別冊解答集付	本体1,900円＋税
独検合格4週間 neu《4級》	162頁	別冊解答集付	本体2,200円＋税
独検合格4週間 neu《3級》	233頁	別冊解答集付	本体2,300円＋税
独検合格4週間　　《2級》	181頁	別冊解答集付	本体2,300円＋税

独学に最適の学習書

CD付
独学でもよくわかるやさしくくわしいドイツ語

清水　薫／石原竹彦　共著
CD付・ホームページから音声無料ダウンロード
2色刷・B5判・184頁・本体2,400円＋税

★完全書き込み式ドイツ語トレーニングブック
★文法説明と練習問題が見開きで完結
★使いやすい別冊解答

独検合格4週間《2級》

- ◆解答 ……2
- ◆付録データ ……32
  - I 複数形のタイプ別
  - II 不規則変化動詞の三基本形（幹母音に基づくまとめ）
  - III auch, doch, gar, immer, ja, mal, mehr, noch の用例

在間 進／亀ヶ谷昌秀 共著

郁文堂

第1章 単語

11頁 1日目 − A 複数形の作り方

I
(1) 正解 3 der Stift — (口語) 鉛筆 — Stifte *他は -en
(2) 正解 1 das Rätsel — なぞ — Rätsel *他は -e
(3) 正解 2 das Ei — 卵 — Eier *他は -e
(4) 正解 2 der Ball — ボール — Bälle *他は -en
(5) 正解 4 der Zwilling — ふたご — Zwillinge *他は -
(6) 正解 3 der Arm — 腕 — Arme *他は -er
(7) 正解 1 das Lokal — 飲食店 — Lokale *他は -s
(8) 正解 3 die Nacht — 夜 — Nächte *他は -

II
(1) 正解 3 der Hund / Hunde — 犬 — die Insel / Inseln 島
(2) 正解 2 das Bein / Beine — 脚 — das Ohr / Ohren 耳
(3) 正解 4 das Auge / Augen — 目 — das Haar / Haare 髪

III
(1) 正解 2 die Art — やり方 — (複数形：Arten)
(2) 正解 4 die Gabel — フォーク — (複数形：Gabeln)

14頁 1日目 − B 三基本形の作り方

I
(1) 正解 3 verstehen — 理解する → verstanden
(2) 正解 2 anfangen — 始める → angefangen

II
(1) 正解 3 bleiben — 留まる — blieb — geblieben
(2) 正解 1 beißen — かむ — biss — gebissen
(3) 正解 4 fließen — 流れる — floss — geflossen
(4) 正解 3 biegen — 曲げる — bog — gebogen

2

(5) 正解 4	finden	見つける	—	fand	—	gefunden
(6) 正解 1	schwimmen	泳ぐ	—	schwamm	—	geschwommen
(7) 正解 2	sprechen	話す	—	sprach	—	gesprochen
(8) 正解 1	lesen	読む	—	las	—	gelesen
(9) 正解 2	fahren	乗り物で行く	—	fuhr	—	gefahren
Ⅲ (1) 正解 3	bekommen	得る	*過去分詞も bekommen			
(2) 正解 2	erfahren	経験する	*過去分詞も erfahren			

20頁 2日目 2格語尾，比較変化形，派生名詞など

Ⅰ (1) 正解 1	der Arzt	医者	—	des Arztes	*他は -en
(2) 正解 4	der Reflex	反射	—	des Reflexes	*他は -en
Ⅱ (1) 正解 2	falsch	間違っている			
(2) 正解 3	bunt	色とりどりの			
(3) 正解 4	schmutzig	汚れた			
Ⅲ (1) 正解 3	gemeinsam	共通の	→	Gemeinsamkeit	共通性
(2) 正解 2	vergangen	過ぎ去った	→	Vergangenheit	過去
(3) 正解 1	laufen	走る	→	Läufer	走者
(4) 正解 2	Kellnerin	ウェートレス	→	Kellner	ウェーター

25頁 3日目 意味のまとまり

(1) 正解 4　　＊der Bevölkerung は die Regierung を修飾しない。
　　　　　　　＊der Bevölkerung よりも，eine Erklärung と schuldig が強く結びつく。
　　　　　　　訳は「明らかに政府は住民に対して説明の義務を負っています」。

3

(2) 正解　3
*noch einmal は「もう一度」という熟語。
*nicht unbedingt は「どうしても…というわけではない」という熟語。
訳は「君は無理にもう一度その本を読む必要はありません。」

(3) 正解　2
*im Tresor は、das Geld を修飾し、結びつきを作る。
*nicht は、「盗まれた」を否定するため、gestohlen worden の前に置く。
訳は「幸いにも、金庫のお金は盗まれませんでした。」

(4) 正解　4
*zehn Euro は、mehr を修飾する；「10ユーロより多く」。
*als ich は、比較の対象を示すため、一つの結びつきを作る。
訳は「アンケは、同じCDに対して私より10ユーロ多く支払いました。」

(5) 正解　4
*mit は、ihrem kleinen Hund と、一つの前置詞句を作り、さらに spazieren と結びつく。
*wie immer は、比較の対象を示すため、一つの結びつきを作る。
訳は「この老婦人は、彼女の小さな犬といつものように散歩に出かけました。」

29頁　4日目　語句の配列（語順）

(1) 正解　1
*sich は、形が短いため、前方に置かれる。
*sehr「とても」は、動詞を修飾するため、動詞の前に置かれる。
訳は「A：レストランでミヒャエラは食後とても不機嫌そうに見えました。—B：はい、彼女はそこでのサービスが悪いのでとても怒っていたのです。」

(2) 正解　4
*noch は、比較級 lieber を強め、「なお一層喜んで」。
訳は「A：マコト、君は白ソーセージがとても好きだったよね。—B：おお、もちろん！でも焼きソーセージはもっと好きだよ。」

(3) 正解　2
*人称代名詞のような短いものは、前方に置かれる。3格4格が並列する場合、4格3格の順位なる。

(4) 正解　3

訳は「A：君の日本旅行はどうだった？　―B：オー、私はそのことを君にもう2度も話したよ。

＊副詞 leider は、「行けなかった」ことに関連するので、nicht の前に置かれる。

＊nicht が否定するのは、fliegen のみではなく、nach Japan fliegen 全体であるため、それらの前に置く。

訳は「A：君たちは今年日本に行きましたか？　―B：私の夫が残念ながら病気になったので、私たちは残念ながら日本に行くことができませんでした」。

第2章　前置詞
37頁　5日目　前置詞を含む動詞句と形容詞句と熟語

A (1) 正解　5 (nach)　訳は「君たちは一体どこにいっていたの？　私たちは長いこと君たちを探したんだよ」。
 (2) 正解　3 (für)　訳は「私はこの事故に対して全責任を背負います」。
 (3) 正解　6 (unter)　訳は「あなたは『自由』という概念のもとで何を理解されますか？」。
 (4) 正解　1 (auf)　訳は「ともかく君は直接チーフと話した方がいいよ」。

B (1) 正解　3 (bei)　訳は「私たちは心底からあなたに感謝いたします」。
 (2) 正解　4 (mit)　訳は「私たちの祖母は係の面倒をよくみます」。
 (3) 正解　1 (an)　訳は「私は君の善意を疑っていません」。
 (4) 正解　6 (um)　訳は「この板は7センチ長すぎます。＊um は差を表す。

C (1) 正解　2 (auf)　訳は「彼は今、試験に集中しています」。
 (2) 正解　6 (über)　訳は「ハンスは値段についてよく知っていました」。
 (3) 正解　4 (in)　訳は「彼はもってこてのその女性教師に恋をしていました」。
 (4) 正解　3 (durch)　訳は「町は1755年に地震ではとんどすべてが破壊されました」。

D (1) 正解　1 (an)　訳は「彼はそっとドアをノックしました」。
 (2) 正解　4 (für)　訳は「彼はクラシック音楽に興味を持っています」。

5

(3) 正解　2 (auf)　訳は「彼のことは信頼すべきではありません」。
(4) 正解　8 (von)　訳は「あなたの職業は何ですか?」。
E (1) 正解　4 (mit)　訳は「彼は35歳で大学での勉学を始めました」。
＊この mit の使い方が分かればばっちりなものです。
(2) 正解　2 (auf)　訳は「彼はドイツへの旅行を諦めねばなりませんでした」。
(3) 正解　3 (für)　訳は「私は君を友人だと思っています」。
(4) 正解　1 (an)　訳は「僕が君ならば彼女に電話をして謝るね」。

第3章　書き換え
45頁　6日目　関係文1　(定関係代名詞)
I (1) 正解　den　男性・単数・4格
　　　　　訳は「ウェーターが私たちに勧めてくれたワインはとてもおいしかった」。
(2) 正解　die　複数・1格
　　　　　訳は「まだ学校に行っていない子供たちは公園で遊んでいます」。
(3) 正解　dessen　男性・単数・2格
　　　　　訳は「両親が大金持ちの友人は、飛行機はいつもファーストクラスです」。
(4) 正解　denen　複数・3格
　　　　　訳は「私たちの教師は娘さんが二人いて、彼女らの話をいつもします」。
(5) 正解　dem　男性・単数・3格
　　　　　訳は「フィッシャー氏は生徒がみんな怖がっている教師です」。
II (1) 正解　1 (dem; 男性・単数・3格)
　　　　　訳は「オオカミは、赤ずきんちゃんを食べることができる大きな口を持っています」。
(2) 正解　4 (der; 女性・単数・3格)

(3) 正解　3 (denen; 複数・3格)
　　訳は「オオカミは、よく臭いをかぎわけられる長い鼻を持っています」。

(4) 正解　2 (womit; 文意＋mit)
　　訳は「オオカミはよく音を聞き分けられるよい耳を持っています」。

(5) 正解　3 (wonach; 文意＋nach)
　　訳は「彼は彼女に簡単な情報を与えましたが、彼女はそのことに満足していました」。

49頁　7日目　関係文2（関係副詞、不定関係代名詞）
I (1) 正解　wo
　　訳は「私は学生時代を過ごしたケルンの町が好きです」。
  (2) 正解　wohin
　　訳は「君がよく行く飲み屋は何という名前ですか？」。
  (3) 正解　wo
　　訳は「彼は、私たちも働いているところで働いています」。
  (4) 正解　was
　　訳は「私たちはみんなで一緒に歌いましたが、そのことは私にとても気に入りました」。
II (1) 正解　4 (was)
　　訳は「私は君の求めることをすべてやります」。
  (2) 正解　3 (was)
　　訳は「それは私が私の人生で聞いた最もおかしなことです」。
  (3) 正解　2 (was)
　　訳は「君の言ったことは正しくありません」。
  (4) 正解　2 (worum)
　　訳は「彼女が求めたことはすべて処理されました」。
  (5) 正解　4 (woraus)
　　訳は「彼が驚かなかったことから私は彼がすでに知っていたと推察します」。
  (6) 正解　1 (wer)
　　訳は「ひどい風邪をひいている人は家に留まっているべきです」。
  (7) 正解　4 (wen)
　　訳は「私たちは愛している人を失いたくないものです」。

55頁　8日目　複合文、従属接続詞
I (1) 正解　dass
　　訳は「彼は雨でびしょ濡れになったので、風邪をひいてしまいました」。

7

(2)	正解	bevor	訳は「彼は就寝する前に歯をみがきます」。
(3)	正解	Nachdem	訳は「彼は、食事をした後、1時間散歩をしました」。
(4)	正解	wenn	訳は「ノミの市は、雨が降っても開催されます」。
(5)	正解	dass	訳は「包みは重過ぎて、持っていくことができません」。
(6)	正解	bis	訳は「君は宿題が終わるまで家にいなければなりません」。

II
(1)	正解	3 (ob)	訳は「彼が留まるかどうかはまだはっきりしていません」。
(2)	正解	2 (bevor)	訳は「彼女はドアを開ける前にすばやく鏡の中を見ました」。
(3)	正解	4 (Während)	訳は「彼女が居間でテレビを見ている間、彼女の夫はキッチンで料理をしています」。
(4)	正解	4 (wenn)	訳は「彼女は来る時はいつも花を持ってきます」。
(5)	正解	1 (sowohl)	訳は「この器具は実用的であり、見た目もかわいいです」。

59頁 9日目 受動文

I
(1)	正解	worden	訳は「私のところにちょうどい小包が配達されました」。
(2)	正解	werden	訳は「生徒たちは先生からとてもしばしばほめられます」。
(3)	正解	werden	訳は「古いものは地下室に運ばれなければなりません」。
(4)	正解	wurde	訳は「幸いなことにその事故で誰も怪我をしませんでした」。
(5)	正解	worden	訳は「私はおじからコンピュータをプレゼントされました」。
(6)	正解	bekommen	訳は「彼女は彼からその本を貸してもらいました」。

II
(1)	正解	4 (wurde)	訳は「その都市は多くの旅行者によって訪れられました」。
(2)	正解	3 (worden)	訳は「郵便配達人は私たちの犬にかまれました」。
(3)	正解	3 (sind)	訳は「カルルとアンナはアンナから食事に招待されました」。
(4)	正解	4 (von)	訳は「私たちはその男にだまされました」。
(5)	正解	2 (durch)	訳は「その知らせはラジオで広く伝えられました」。

64頁 10日目 語法の助動詞
(1) 正解 müssen 訳は「ペーターはきょう子供を学校に連れて行かねばなりませんでした」。
(2) 正解 mussten 訳は「私たちはきょう一日中ドイツ語の勉強をしなければなりませんでした」。
(3) 正解 durfte 訳は「以前はこのプラットホームで喫煙が許可されていました」。
(4) 正解 darf 訳は「赤信号のときに通りを横断することは許されません」。
(5) 正解 sollst 訳は「君は一度ドイツに行くべきですよ」。(a文は「…を君に勧める」)
(6) 正解 müssen 訳は「あなたはそれほど早く起きる必要はありません」。

《読んでみよう》
1. 彼はもっと熱心にドイツ語を学ばなければなりません。
   A: 彼は、一度オーストリアに行って、そこでザルツブルク音楽祭を訪れることを計画しています。
   B: そのために、彼はもっと熱心にドイツ語を勉強しなければならないのね。
2. ふつう両親は娘たちに、一人でヨーロッパに行くことを許しません。しかし彼女の両親は、非常に開けているので、そのため、彼女は一人でこの夏に一人でドイツに行ってもいいと言われています。

68頁 11日目 sich＋本動詞＋lassen, zu 不定詞句＋sein
(1) 正解 sind 訳は「顧客の要望はすぐさま満たさなければなりません」。
(2) 正解 zu 訳は「この質問には簡単には答えることができません」。
(3) 正解 war 訳は「その誤解は簡単に解くことができませんでした」。
(4) 正解 zu 訳は「この町は陸路で水路で行くことができます」。
(5) 正解 lässt 訳は「この窓は開けるのがとても難しい」。
(6) 正解 sich 訳は「このテキストは簡単に翻訳することができません」。

9

(7) 正解　muss　訳は「このテキストはできるだけ早く翻訳されねばなりません」。

73頁　12日目　接続法など
(1) 正解　sind　訳は「最近私の同僚たちが私に『あなたは勤勉です』と言いました」。
(2) 正解　habe　訳は「ハンスは、彼はきょう時間がないと言いました」。
(3) 正解　kommen　訳は「彼らは『私たちはきょう来ます』と言いました」。
(4) 正解　solltest　訳は「君はそのことをそう否定的に見るべきでないでしょう」。
(5) 正解　Gehen　訳は「散歩に行こう！」。
(6) 正解　wollen　訳は「もうそのことについて話をするのはやめよう、その件は済んだのだから！」。
(7) 正解　gehst　訳は「おまえはもう寝なさい！」。
(8) 正解　wie　訳は「私は、鐘が鳴るのを聞きます」。
(9) 正解　aufgehen　訳は「私は、日が昇る様子を見たい」。
(10) 正解　(b) zu　訳は「彼は侮辱された気分になりました」。
　　　　 (c) sich　訳は「彼は侮辱されたように感じました」。

《訳してみよう！》　私は徐々に試験に合格できるのではないかという感じがしています。

74頁
《楽しく読んでみよう！》　真の友
ペーターとハンスが山道をハイキングしていた時、突然、一匹の熊が現れました。
ペーターはすぐさま木に登りましたが、ハンスはその暇がありませんでした。
そこで彼は地面に身を投げ、死んだふりをしました。
熊はのっそのっそと彼の方にやって来ましたが、顔の辺りをくんくんかいだだけで、行ってしまいました。

10

ペーターはほっとして木から降りて来ました。利己的な振る舞いを謝ることもせず、ペーターは冗談半分に、何を熊が彼の耳にささやいたのかと、ハンスに尋ねました。それに対してハンスは、「困った時に友人を見捨てるような臆病者は本当の友になれないと、熊は言ったよ」と答えました。

第4章 残された13日目

81頁 13日目 特殊な完了形

(1) 正解 3 (hat) 訳は「午前中にはもう雨が降り出しました」。
(2) 正解 2 (ist) 訳は「彼が引っ越しをして以降、私たちはもう会わなくなりました」。
(3) 正解 3 (sind) 訳は「私たちは昨日町で偶然会いました」。
(4) 正解 1 (sind) 訳は「彼らは夕食を済ませた後、公園に散歩に行きました」。
(5) 正解 2 (hatte) 訳は「シュミットさんは、一日オフィスで働いた後、さらに夕食の支度もしなければなりませんでした」。
(6) 正解 4 (sein) 訳は「彼は長い間日本にいたに違いありません」。
(7) 正解 2 (haben) 訳は「彼は長い間ドイツで暮らしていたかも知れません」。
(8) 正解 4 (bestanden) 訳は「彼は試験に合格したとのことです」。
(9) 正解 1 (wollen) 訳は「私は彼女のことを忘れようとしましたが、できませんでした」。
(10) 正解 4 (gewollt) 訳は「アンナは私が一緒に行くことを望みませんでした」。
(11) 正解 1 (sollen) 訳は「そんなことは君は本当にすべきでなかったよ」。

85頁 14日目 間接疑問文

(1) 正解 4 (wie) 訳は「その件がどうなるかまだ分かりません」。
(2) 正解 3 (ob) 訳は「彼女は私に、マックスが明日パーティに来るのかどうか尋ねました」。
(3) 正解 4 (wann) 訳は「私たちがいつ旅行に行くかが決まっていません」。

(4) 正解　3 (wie)
　　訳は「彼は、フランクが何歳なのかと尋ねます」。
(5) 正解　2 (wovor)
　　訳は「あなたは彼が何を恐れているか知っていますか?」。
(6) 正解　3 (worin)
　　訳は「私はどこに違いがあるのか分かりません」。
(7) 正解　4 (wen)
　　訳は「私は彼に、彼がきょう誰を訪ねたのかと尋ねました」。
(8) 正解　2 (ob)
　　訳は「日本にまだ熊がいるのか知っていますか?」。
(9) 正解　1 (wozu)
　　訳は「母親は息子に、そのお金を何のために使うのかと尋ねます」。
(10) 正解　1 (wo)
　　訳は「君はもう、次の休暇をどこで過ごしたいのか考えましたか?」。
(11) 正解　4 (was für ein)
　　訳は「店員は私に、どのような自転車が欲しいのかと尋ねました」。

90頁　15日目　dass 文と zu 不定詞句の相関詞

(1) 正解　4 (darunter)
　　訳は「彼女は、成績がとても悪いことを非常に悩んでいます」。
(2) 正解　4 (damit)
　　訳は「マックスはちょうど自転車を修理していたところです」。
(3) 正解　3 (darüber)
　　訳は「彼女は、彼が彼女を数分待たせたことに苦情を言います」。
(4) 正解　4 (davor)
　　訳は「彼は、自分一人でその責任を背負うことを恐れています」。
(5) 正解　3 (dadurch)
　　訳は「私は期限を延ばすことでその問題を解決しました」。
(6) 正解　2 (damit)
　　訳は「私たちは来年景気がふたたび上向かうだろうと見込んでいます」。
(7) 正解　4 (darin)
　　訳は「私の問題は、臆病すぎて女性に話しかけられないということです」。
(8) 正解　4 (darauf)
　　訳は「彼は、試験に合格したことをとても誇りにしています」。
(9) 正解　4 (davon)
　　訳は「彼の幸せは、彼女が彼の結婚申し込みを受け入れるかどうかにかかっています」。
(10) 正解　2 (dafür)
　　訳は「シュミットさんは、そう簡単に平静を失わないことでよく知られていました」。

94頁　16日目 (任意)　比較表現のバリエーション

(1) 正解　3 (wie)
　　訳は「その男性は、ワインの値段が日本ではドイツの2倍だと言いました」。

(2) 正解　1（immer）　訳は「クリスマスの後、昼間の時間がますます長くなります」。
(3) 正解　2（aufs）　訳は「私はとても緊張しています！」。
(4) 正解　2（um）　訳は「ハンスは私より3歳年上です」。
(5) 正解　1（der）　訳は「木星は惑星の中で最も大きいです」。
(6) 正解　3（als）　訳は「この子供は、私たちは思っていたよりもずっと賢いのです」。
(7) 正解　3（desto）　訳は「人は持てば持つほどますます欲しくなるものです」。
(8) 正解　2（halb）　訳は「ビールには、ミルクあるいは赤ワインの半分のカロリーしか含まれていません」。
(9) 正解　1（Je）　訳は「彼が約束をすればするほど、私は彼のことがますます信じられなくなります」。

99頁　17日目　再帰表現のバリエーション

(1) 正解　4（sich）　訳は「その構想は、よさそうに聞こえます」。
(2) 正解　2（dir）　訳は「君は手を洗わねばなりません」。
(3) 正解　2（mich）　訳は「私は明日彼女と町で会います」。
(4) 正解　1（es）　訳は「アウトバーンは、気持ちよく走れます」。
(5) 正解　3（um）　訳は「それは難しい問題です」。
(6) 正解　3（selbst）　訳は「人は自分のことが一番よく分かっているものです」。
(7) 正解　4（gegenseitig）　訳は「人は助け合わなければなりません」。
(8) 正解　2（lässt）　訳は「田舎は暮らしやすいです」。

103頁　18日目　不定代名詞

(1) 正解　2（einem）　訳は「もし試験中に気分が悪くなれば、部屋から出て行ってもかまいません」。
(2) 正解　2（einer）　訳は「言うべきことがないならば、むしろ黙っているべきです」。
(3) 正解　1（Einer）　訳は「学生の一人が病気の先生を見舞いました」。

13

(4) 正解　3　(Eines)　訳は「一つ君に言っておかねばならないことがあります」。
(5) 正解　2　(keiner)　訳は「君たちの誰も一緒に来たくないの?」。
(6) 正解　4　(man)　訳は「熱があるならば、お風呂に入ってはいけません」。

107頁　19日目（任意）　注意すべき格の用法と前置詞の格支配

(1) 正解　4　(mir)　訳は「超満員の路面電車で私はお金を盗まれました」。
(2) 正解　3　(meinem Sohn)　訳は「私は息子に自転車を買ってやっています」。
(3) 正解　4　(ihren Sohn)　訳は「アンナは彼女の息子がピアノを弾くのを聴きます」。
(4) 正解　2　(Nächste)　訳は「来週私の友人はイタリアに行きます」。
(5) 正解　4　(Ihm)　訳は「彼は昨日財布を盗まれました」。
(6) 正解　3　(schlechter)　訳は「主任はきょう機嫌が悪いです」。
(7) 正解　3　(ihr)　訳は「部屋は彼女にとって十分に大きいです」。
(8) 正解　2　(japanischer)　訳は「彼は日本国籍です」。
(9) 正解　3　(der)　訳は「宇宙船は再び飛び立ち地球に降り立ちました」。
(10) 正解　2　(zu)　訳は「私たちは5時に家に着きました」。

第5章　長文読解（短いテキスト）（実戦トレーニングはありません）

115頁

《楽しく読んでみよう!》

ある湖の岸辺で一人の女の子が散歩をしています。
そのとき、彼女は、波が岸に打ち上げた一匹の魚を見つけます。
彼女は、その魚を水に戻してやると、そのとき、魚は人間の声で彼女に言います:

『私の命を救ってくれたお礼に、あなたの三つの望みを叶えてあげましょう』
『素敵！（悪くはないわ！）』と彼女は言います。『私はこの世で最も美しい女の子でありたいのです』
魚は言います：『あなたはそうなりました（←あなたはもうそれです）。さて2番目の望み』
『はい』と彼女は言います。『私はさらにかなり貧しい女の子ですので、私の家が黄金に変わることを望みます』
『この望みだ既に実現されました』と魚は言います。
今やまだ愛が欠けていますので、そこで彼女は言います：
『三つ目の望みに実現して欲しいのです、私を愛する感じのよい若い男性に変わることを望みます』
そしてここでこの話は家に帰って終わります。
女の子は魚に走って帰ります。
『家に帰りなさい、あなたの望みはすべて実現されました』
もう遠くから彼女は彼女の家の黄金を見ます。窓ガラスの側を通りながら、その中に自分の姿を映し、自分が絵のように美しくなっているのに気づきます。
彼女が家に足を踏み入れると、実際、感じのよい若い男性が彼女の方に近づいて来るのです。
こういうことが実際にありうると思いますか？

120頁
《楽しく読んでみよう！》
犬：ワンワン、寒い！
猫：ニャオー、ニャオー、寒い！
豚：ブー、ブー、私も寒い！少し身体を寄せ合いませんか？
犬・猫：いいね、それは悪い考えではない！
犬：ワンワン、吐き気がするような臭いだ！
猫：ニャオー、ニャオー、ここはひどいくさだ！
豚：ブーブー、君たちは魚の臭いがする！自分の隅に戻るよ。

15

犬・猫：　私も！
犬：　ワンワン、とても寒い。私は寒さで凍えます。せめてもうちょっとだけ身体を寄せ合わせませんか？
犬・豚：　いいね、それは悪い考えではない！
猫：　ワンワン、私はまだ寒いほどのものではない。
犬：　ニャーニャー、私はまだ寒いけど、耐えられないほど言いない！しかし今はより少なく、ともかく前よりは暖かい。
猫：　ブー、ブー、私も少し寒いし、臭いもしする。しかし、ともかく前よりは暖かい。
豚：　ゲーゲーゲー…。
犬・猫・豚：　人間は一人では寂しいが、人と一緒過ぎても煩わしいし、つかず離れずがいいという ショーペンハウアーの話です。

＊人間は一人では寂しいが、人と一緒過ぎても煩わしいし、つかず離れずがいいという ショーペンハウアーの話です。

第6章　長文読解（長いテキスト）（実戦トレーニング）

131頁
《楽しく読んでみよう！》

相対性理論（見方によって意味合いも異なる）というドイツ語のジョークです。

・『おまえはくさいなぁ』、豚がバラバラに言いました。
・最初の人間としてコロンブスを見たインディアンはひどい発見をしてしまったのです。
・私は私のできることをしただけだ』と政治家が言いました。『それは私は嬉しいことだ』と悪魔が言いない。
スープの中の一本の髪の毛はかなり多いが、頭の上の一本の髪の毛は比較的少ない。

138頁
《楽しく読んでみよう！》

ある時ムカデが、歩く時どうやって足を出すのかと尋ねられました。ムカデは、じっと考え、歩き方を忘れてしまいました。

16

第7章 会話（実戦トレーニングはありません）

第8章 聞き取り（実戦トレーニングはありません）

第9章 総仕上げ

167頁 模擬テスト1（筆記試験）（計108点）

1（配点3点×4）

(1) 正解 3

der Stern ― 星 ― Sterne
stehlen ― 盗む ― stahl ― gestohlen

(2) 正解 3

mehr は、nicht mehr「もはや…でない」の形か、kein＋名詞＋mehr の形で用いられます。

(3) 正解 2

訳は、A「お肉も食べるかい？ お肉も好きだよね？」―B「一年前から僕はもう肉を食べていないんです」

(4) 正解 2

von Anfang an は「始めから」という決まり文句。1と4が外れます。von Berufs wegen「職業上」という言い回しを知っていれば、3が外れますが、このような言い回しを私たちは知りませんでした。mehr は Erfahrung を修飾して「より多くの経験」という意味になりますので、この点からも3が外れます。訳は、職業柄より多くの経験を持っていたため、最初からリーダー役を果たしました。

2（配点3点×4）

(1) 正解 3

verstoßen は、gegen＋4格 verstoßen で、「…4に違反する」。
訳は「私たちは規則に違反することは許されません」。

(2) 正解 4

fragen は、nach＋3格 fragen で、「…3について尋ねる」。よく出題されるので修理費のことを尋ねてください！。訳は「どうぞ前もって修理費のことを尋ねてください」。

(3) 正解 1

bestehen は、auf＋3格 bestehen で、「…3をあくまで主張する」。訳は「彼は契約の履行をあくまで

17

(4) 正解　5

主張します。

（　）の部分を無視しても訳すことができます：「主任は私の休暇を…延長してくれました」。そうすると、fünf Tage が問題になりますが、結びつくうるのは、差異を表す um ですね。結果は、「主任は私の休暇を5日間延長してくれました」。

3 （配点3点×4）

(1) 正解　dessen

先行詞は Lehrer（男性・単数）。関係文では、des Lehrers ですので、2格、男性・単数・2格の関係代名詞は dessen。訳は「君が授業をとてもおもしろいと思う先生の名前は何ですか？」

(2) 正解　weil / da

a文の deshalb「それゆえに」に対応する接続詞が問題になります。後半の文は定形の動詞 hat が文末にあるので、副文。deshalb に対応する従属接続詞は weil か da。訳は「彼は熱があるので、医者のところに行かねばなりません」。

(3) 正解　bekommen

a文は「彼は私に花を贈ってくれました」。対応する b文には、geschenkt がありますので、可能性は bekommen 受動。a文は彼から花を贈ってもらいました「私は彼から花を贈ってもらいました」。

(4) 正解　lässt

a文は「彼の罪を証明するのは簡単ではありません」。b文では、目的語の Schuld が主語になっています。目的語を主語にする対応表現は、受動文でなければ、zu不定詞句 + sein か sich + 本動詞 + lassen。sich が、zu がないので、sich + 本動詞 + lassen ということになります。訳は同じ。

(5) 正解　habe

a文は、「マリアはお腹が痛い」と言いました、という直接話法の文。b文は、その間接話法の文。直接話法の Ich は、主語の Maria ですので、sie「彼女は」になります。訳は「マリアは、彼女はお腹が痛いと言いました。

4 （配点3点×4）

(1) 正解　4

完了の助動詞の問題。begegnen は、移動を表すと、状態変化を表すとも考えにくいのですが、sein 支配です。「出会う」と言えば、少し sein 的なニュアンスが感じられますか？類義の auf + 4格

(2) 正解 2

stoßen「…4に出会う」も sein 支配。訳は「昨日私は彼女にあるパーティーで偶然に会いました」。
従属接続詞の問題。主文の動詞 hängt .. ab は von＋3格 abhängen「（…かどうか）…3次第である」。左側の部分が「…かどうか」という意味の主語の副文。該当するのは従属接続詞 ob。訳は「あなたが奨学金をもらえるかどうかは、あなたの両親の収入次第です」。

(3) 正解 3

überzeugt sein「…を確信している」の相関詞の問題。確信している内容は、後半の dass 文。訳は「私は、彼が無実であると固く確信しています」。

(4) 正解 2

wo[r]-＋前置詞の問題。es handelt sich um＋4格「…4が問題になっている」という表現を知っているかどうかがポイント。その疑問文は Worum handelt es sich?「何が問題になっているのですか？」。完了形は Worum hat es sich gehandelt?「何が問題になっていたのですか？」。これを間接疑問文にすると、worum es sich gehandelt hat となります。これを前半の Ich konnte gar nicht verstehen「私はまったく理解が出来なかった」に結びつけたのが正解の文。訳は「私は会議で何が問題になっていたのかまったく理解できませんでした」。

5（配点3点×4）

(1) 正解 3

〈テキストの訳；可能な限り逐語的に訳しました〉

水一恵みと災い

私たちの惑星、すなわち私たちの地球と私たちの肉体は、大部分水からできています。
水は私たちの極めて重要な生命の基盤なのです。
しかし同じにここの数年、水はしばしば私たちにとって一つの脅威になりました：豪雨、津波、そして上昇する海面。
自然災害は、水の力がいかにコントロールできないものであるかを示しています。
ここ10年の間にドイツは2度、豪雨によって引き起こされた壊滅的な洪水に襲われました。
特にドイツの東部の多くの地域が水浸しになりました。

19

人々は力を合わせてこの脅威と戦い、そして最悪の事態を回避することができます。気候予測はこのような状況への改善へのあらゆる期待を打ち砕きます。増加する、そして長く続く降雨は将来もまた私たちの生活の一部になるでしょう。

〈選択肢の訳〉
1 水は私たちの生活を脅かします。たとえば降雨、津波、それに加えて上昇する海面がここ10年の間に2度ドイツで洪水を引き起こしました。
2 自然災害は、ここ数年の間増えています。たとえば、ドイツはこの10年の間に2度洪水に襲われました。国の広大な部分が水浸しになりました。
3 ドイツは、この10年の間に2度も大洪水に襲われました。将来もさらなる洪水が起こると覚悟しなければなりません。

(2) 正解 2

〈テキストの訳；可能な限り逐語的に訳しました〉
家庭での暴力は多くの子供にとって残念なことに日常の一部になっています。
ビーレフェルト大学の調査の、質問された900名の子供の4分の1は、それによれば、時々あるいはそれどころかしばしば殴られることがあると回答しています。
特にこの傾向が強いのは、社会的に恵まれていない環境にある家庭の子供の場合です（独立的間接話法；著者注）。
これらの家庭の場合、32%の子供が暴力を受けたと回答しています。
しかも、これらの子供は肉体的な暴力だけではなく、言葉による暴力も受けています。
社会的に恵まれていない環境の子供の25%以上が両親から「バカ」あるいは「怠けもの」と罵倒されているのです。
そのうえ、これらの子供の45%が先生からも不当な扱いを受けていると回答しました。

彼らは、しばしば同級生のいじめの対象にもなっているとのことです（独立的間接話法：著者注）。それに反して、社会的に恵まれている環境の子供たちがこのようなことが観察される割合はより少ないのです。
このようなことを観察したのは23％のみでした。

〈選択肢の訳〉
1 恵まれていない社会環境の子供は、よりしばしば肉体的あるいは言語的暴力を受けています。これらの子供の32％は、時折あるいはしばしば殴られたり、あるいは両親から罵倒されたりします。
2 学校では、社会的に恵まれていない子供が不当に扱われることがあります。しかし、社会的に豊かな環境の子供は、不当な扱いを受けることはあまりありません。
3 恵まれた社会環境の子供は、暴力に悩むことがありません。恵まれない社会環境の32％が暴力を経験する一方、恵まれた社会環境の子供の場合は、たった25％です。

6 (配点 (1)〜(4) 3点×4 ; (5)(6) 4点×3)
(1) 正解 3　　Menschen を示します
(2) 正解 1　　es kommt bei + 3格 an という熟語は、「…³が重要（肝要）である」。
(3) 正解 4　　Wut は「怒り」。
(4) 正解 2　　sagen は「言う」、zeigen は「示す」、erkennen は「認識する」、machen は「する」。
(5) 正解 3　　Signal は「シグナル（合図）」、Mimik は「表情」、Gefühl は「感情」、Verhalten は「態度」。
(6) 正解 1, 3

〈以下にテキストの訳を載せますので、正解を確認してください。可能な限り逐語的に訳しました〉

同一社会の人々のボディー・ランゲージを理解できることは、多くの状況においてとても有益です。私たちが他の、観察できる無意識の合図やジェスチャーは、人々との交流を容易にします――特にもし私たちがほとんど知らないあるいはまだ知らない人々と関わる時に。

しかし、よく知っている人々の場合でも、その人たちの本当の考えあるいは感情を知る手助けになります。一定の身ぶりは、どんな場合にも――私的な場でも、職場でも――相互関係をよりよいものにします。

話相手のボディー・ランゲージを理解することは、どんな場合にも重要でしょうか？

しかし、ボディー・ランゲージにおいて重要なことは何でしょうか？

ボディー・ランゲージの意味を解釈する際に重要なことは、いくつもの要因、一例えば人が言う内容、そしてその人がそれをどう言うかなどが関連しているということです。

話す時の身ぶりは、言葉で言いたいことを強める働きも、本当はそうでないことを示す働きもします――ある人は完全に言葉の代わりをすることもできます。

たとえば、身ぶり、表情、そして態度が言葉と同じ内容を伝えるものであるとき、話相手は、説得力のある人になります。ある人がテーブルを握り拳で叩き、それと同時に怒り口を、すなわち怒りながら言葉で表すとき、その人は完全に明らかに怒っているのです。

それに対して、実際には考えていないことや感じていないことを言うときに、身体の表するものは、発する言葉と一致しなくなります。

要するに、身ぶりや表情は本当の感情を示すのです。

例えば、身ぶりや表情があなたに言葉の上で同意し、そしてその際に話相手ができっと口を拭う身振りをするならば、それは、その人が実際には納得していないことを示しています。(*動詞 Stimmt が文頭に置かれ、そして und fährt に続く部分は、あまり信用できない人であるとの印象を与えることになります。wenn文と同義になります：著者注)

このような振る舞いをするならば、その人は、もはや言葉が不必要になります。

時折、ボディー・ランゲージによって、ほぼそのことを表現できることがあります。

7 (配点3点×5)

(正解の後にテキストの訳と文法的解説；訳は、逐語的に訳すため、少し不自然になっています)

(a) 正解 3   (b) 正解 5   (c) 正解 4   (d) 正解 2   (e) 正解 1

〈以下にテキストの訳を載せますので、正解を確認してください。可能な限り逐語的に訳しました〉

アントーニア： 兄弟姉妹はいるの？
ラルフ： うん、姉妹が一人と兄弟が二人います。
アントーニア： 本当？兄弟姉妹が3人？
ラルフ： じゃあ、本当にあなたたちは大家族なのね。素敵だわ…。
ラルフ： うん、こういうことはきょうこの頃はあまりないけどね。
  (a: で、君は？一人っ子なの？)
アントーニア： 残念ながらね。
ラルフ： 私はいつも一緒に遊んだり話したりできる人が欲しいと思っていたの。
  うん、それは確かに楽しいことだよ。
  一人ぼっちということはないからね。
  しかし、大家族は結構大変なこともあるんだよ。
  ちっとも静かじゃないし、もちろん兄弟姉妹の間で喧嘩をすることだってあるからね。
アントーニア： (b: あなたたち仲が悪いの？)
ラルフ： 今はもううそんなことないよ、しかし幼い頃には、僕たちは何度も喧嘩したよ。
  しかしまたもちろん一緒に大いに楽しんだよ。
アントーニア： あなたの兄弟姉妹は今何をしているの？
ラルフ： 彼らはみんなブレーメンの近くに住んでいるよ。

23

アントーニア： 僕の兄は結婚して、もう子供もいるんだが、他の二人はまだ独身。
ラルフ： そうね、私は、家族を作ったら、子どもは少なくとも二人作るつもり。
アントーニア： (c: でもこれにはまだ少し時間があるんじゃないの?)
ラルフ： もちろん、私はまだ22歳だもの。
　　　　いずれにしても大学を卒業したら何年間か仕事をして、キャリアを積んでおきたいの。
　　　　そしてそれからどうなるか見てみましょう。
　　　　ひょっとしたら、子供の面倒を旦那さんが見てくれるかもしれないし。
　　　　(d: それであなたの方はどんな感じ?)
ラルフ： ああ、でも、そのことについて僕はまだ考えたこともないよ。
　　　　今はそんなことを考えるには僕はまだ若すぎると思っている。
アントーニア： (e: まだあの女性美容師と付き合っているんじゃないの?)
ラルフ： その話はしないで。僕は先週ふられちゃったんだ。
アントーニア： まあ、かわいそうに。じゃ、別の話の方がいいわね!

178頁 28日目 模擬テスト2（聞き取り試験）（計32点）

第1部（配点3点×4）
問題（A） 正解 3 読み上げられた設問

設問の訳

A: Paula, wohin gehen wir heute essen?
B: Hm, letzte Woche haben wir italienisch gegessen.
　 Die Pizza war nicht schlecht, aber ich habe heute Lust auf etwas anderes.
　 Wie wär's mit Sushi?
A: パウラ、きょうはどこに食事に行こうか?
B: フム、先週はイタリア食を食べたわね。

24

ピザは悪くなかったけど、きょうは他のを食べたいね。
お寿司はどう？ ＊wie wäre es mit ＋3格 「…はどう？」

選択肢の訳
1 二人は家で料理をするつもりです。
2 ピザはあまりおいしくありませんでした。
3 バウラはお寿司を食べたいと思います。

問題（B） 正解 1

読み上げられた設問
A: Wie lange arbeiten Sie im Büro, Frau Huber?
B: Von Montag bis Donnerstag arbeite ich von halb 9 bis 17 Uhr. Zwischen 12 und 14 Uhr darf ich etwa eine Stunde Pause machen. Am Freitag arbeite ich nur bis 12 Uhr.

設問の訳
A: フーバーさん、あなたはどの位長くオフィスで働くのですか？
B: 月曜日から木曜日までは私は8時半から17時まで働きます。12時から14時までの間私は約1時間の休憩をとることができます。金曜日は12時までしか働きません。

選択肢の訳
1 フーバーさんは8時半から働き始めます。
2 フーバーさんは毎日2時間昼休みがあります。
3 金曜日もフーバーさんは一日中働きます。

問題（C） 正解 2

読み上げられた設問
A: Hallo Andreas! Warst du im Urlaub?
B: Ja. Ich war mit Claudia in Spanien. Das Wetter hat zwar nicht mitgemacht und es war ungewöhnlich kalt da unten, aber das war auch kein Problem, denn wir waren fast jeden Tag in den Museen.

設問の訳

A: こんにちは、アンドレアース！ 休暇に行っていたの？
B: うん。僕はクラウディアとスペインに行っていたんだ。天気はたしかによくなくて、そして南なのにふだんと違ってとても集かったけど、実際はあまり問題ではなかったよ。というのは、僕たちはほとんど毎日美術館に行っていたから。

選択肢の訳

1 アンドレアースは一人でスペインに行きました。
2 スペインの天気はよくなかったです。
3 アンドレアースはしり込みしてしまいました。

問題（D） 正解 2

読み上げられた設問

A: Guten Tag! Ich habe eine Verabredung mit Frau Bauer.
B: Ah, Sie sind Herr Rode?
Frau Bauer hat gerade angerufen.
Sie steckt noch in der U-Bahn.
Sie wird in etwa 10 Minuten ankommen und bittet Sie um Entschuldigung.

設問の訳

A: こんにちは！ 私はバウアーさんと約束があります。
B: ああ、あなたはローデさんですね？
バウアーさんがちょうど電話をくれました。
彼女はまだ地下鉄の中なんです。
彼女は約10分ほどで到着するでしょうが、あなたの許しを求めております。

選択肢の訳

1 バウアーさんは病気です。
2 バウアーさんはまだ地下鉄の中にいます。
3 ローデさんには明日また来るようにとの伝言を頼んでいます。

26

第2部（配点4点×5）
〈読み上げられたドイツ語のテキスト〉

Meine Damen und Herren, ich freue mich, dass wir heute so viele Teilnehmer begrüßen können.
Wir wollen über das Thema „Neues Wohnen" sprechen.
Zuerst möchte ich ein paar Gedanken äußern.
Dann wollen wir gemeinsam diskutieren.
Nach dem Zweiten Weltkrieg mussten viele neue Wohnungen gebaut werden.
Diese Wohnungen wurden meistens für vierköpfige Familien geplant.
Außer Küche und Bad gab es das gemeinsame Wohnzimmer, das Schlafzimmer für die Eltern und zwei Kinderzimmer.
Aber diese Familienform — Vater, Mutter plus zwei Kinder — gibt es heute immer weniger.
Manche Paare haben nur noch ein Kind oder gar kein Kind.
Und in den Großstädten leben heute viele Singles.
Manchmal mit Kind und ohne Partner.
Damit haben sich die Bedürfnisse und die Wünsche des Wohnens sehr geändert.
Man braucht immer weniger 4-Zimmer-Wohnungen.
Paare, Singles und alleinerziehende Mütter und Väter wollen flexibel wohnen.
Das heißt: Sie möchten Wohnungen, die man je nach Lebenssituation leicht verändern kann.
Zum Beispiel: Aus vier kleinen Zimmern eine Wohnung mit zwei großen Zimmern, also eine Großraumwohnung, machen.
Oder sie möchten keine Standardmöbel wie ihre Eltern haben.
Sie möchten lieber moderne flexible Möbel, die man leicht umstellen kann.
Sie wollen Freiheit zur Veränderung haben und die Wohnung an die veränderten Formen des Zusammen- oder Alleinlebens anpassen.
Es kann ja sein, dass man später doch mit einem Partner zusammenzieht und eine Familie gründet.
Oder dass man sich vom Partner trennt und lieber in der Wohnung alleine lebt.

27

So stehen die Architekten und Baufirmen jetzt vor ganz anderen Aufgaben.
Sie müssen für die veränderten Bedürfnisse der Menschen von heute völlig andere Wohnungen bauen.
Sonst findet man keine Mieter oder Käufer mehr in der neuen Gesellschaft der Großstädte.
Meine Damen und Herren, wie denken Sie über diese neuen Lebens- und Wohnformen?
Beginnen wir mit der Diskussion!

〈日本語訳〉

みなさま、本日はこれほどたくさんの方にご挨拶できることは私の喜びです。まず、私がいくつかの考えを述べます。その後、一緒に議論したいと思います。

第二次世界大戦後、たくさんの住居が建てられねばなりませんでした。これらの住居はたいてい4人家族用に設計されました。台所と風呂場の他に、共用の居間、両親の寝室そして2つの子供部屋がありました。

しかし、父親、母親と二人の子供という家族形態は、今日ではますます少なくなっております。子供が一人しかいない、あるいは一人もいないという夫婦や同棲者もおります。そして大都市では今日多くの独身者が暮らしています。ときには子供はいてもパートナーがいないということもあります。

それに応じて住居のあり方への必要性と要望は大きく変わってみました。4部屋の住居がますます必要でなくなっているので、夫婦や同棲者(＊Paarをこのように訳してみます：著者注)、独身者(＊最近はガールフレンドボーイフレンドのいない人もSingleと呼ぶようです：著者注)、シングルマザーやシングルファーザーは、フレキシブルな住まい方を求めています。例えば4つの小さい部屋から2つの大きな部屋のある住居、すなわち大部屋のある部屋を作ったりすることです。あるいは彼らは両親の使っていたようなスタンダードに配置を変えられるモダンでフレキシブルな家具を求めることです。彼らは自由を持ちたがりません。彼らはむしろ簡単に家具を自由に変えられ、住居は共同生活あるいは一人暮らしに思うので、後になってパートナーと同居し家庭を築くかも知れません。あるいはパートナーと別れて、むしろ独り暮らしを好むようになるかも知れません。

28

このような形で建築家や建築会社は今まったく新しい課題に直面しています。彼らは、今日の人々の変化した要望に応えてまったく違った住居を建てなければならないのです。そうしなければ、大都市の新しい社会では借り手や買い手を見つけられません。みなさん、みなさんはこの新しい生活形式、居住形式についてどう思いになりますか？討論を始めましょう！

質問 (A)　正解 3

書かれてある質問文
読み上げられた選択肢

Wie heißt das Thema?
1　Wohnen morgen.
2　Wohnen wie immer.
3　Neues Wohnen.

日本語訳

質問文
選択肢

テーマは何ですか？
1　将来の居住。
2　従来型の居住。
3　新しい居住。

質問 (B)　正解 2

書かれてある質問文
読み上げられた選択肢

Für welche Familien wurden früher die Wohnungen gebaut?
1　Für Großfamilien mit acht Personen.
2　Für Familien mit vier Personen.
3　Für Familien ohne Väter.

日本語訳

質問文
選択肢

かつてはどのような家族のために住居が建てられましたか？
1　8人の大家族用に。
2　4人の家族用に。
3　父親のいない家族用に。

質問 (C)　正解 1

書かれてある質問文

Welche Personengruppe lebt heute hauptsächlich in den Großstädten?

29

　　　　読み上げられた選択肢　1　Dort leben viele Singles.
　　　　　　　　　　　　　　2　Dort leben viele Kinder.
　　　　　　　　　　　　　　3　Dort leben viele Paare.

　　　　日本語訳　質問文　現在、主にどのようなタイプの人々が大都会で暮らしていますか？
　　　　　　　　　選択肢　1　そこには多くの独身者が暮らしています。
　　　　　　　　　　　　　2　そこには多くの子供が暮らしています。
　　　　　　　　　　　　　3　そこには多くの夫婦、同棲者が暮らしています。

問題（D）　正解　2

　　　　書かれてある質問文　Was für Möbel möchte man heute haben?
　　　　読み上げられた選択肢　1　Standardmöbel.
　　　　　　　　　　　　　　2　Flexible Möbel.
　　　　　　　　　　　　　　3　Kleine Möbel.

　　　　日本語訳　質問文　今日ではどのような家具が求められていますか？
　　　　　　　　　選択肢　1　スタンダードな家具。
　　　　　　　　　　　　　2　フレキシブルな家具。
　　　　　　　　　　　　　3　小さな家具。

質問（E）　正解　3

　　　　書かれてある質問文　Welche Aufgaben haben die Architekten heute?
　　　　読み上げられた選択肢　1　Sie können bei den alten Plänen bleiben.
　　　　　　　　　　　　　　2　Sie müssen sich keinen neunen Aufgaben stellen.
　　　　　　　　　　　　　　3　Sie müssen neu planen.

　　　　日本語訳　質問文　今日、建築家はどのような課題を持っていますか？
　　　　　　　　　選択肢　1　彼らは古い計画に留まることができます。

2 彼らは新しい課題を持つ必要はありません。
3 彼らは新しい発想で計画を立てなければなりません。

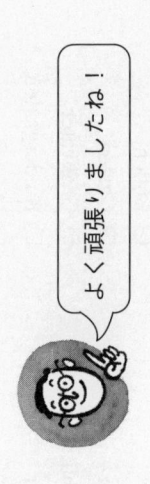

よく頑張りましたね！

【付録データ】

I 複数形のタイプ別

*以下の単語は、『新・独検合格 単語+熟語1800』に収録されている語彙です。語彙力のチェックにも活用し、意味の分からないものは意味を確認してください。なお、単純な合成語は削除しました。

A 単数形に語尾を付けずに複数形を作るタイプ（単複同形タイプ） *ウムラウトするものとしないものがあります。

1. ウムラウトする名詞

- ☐ Apfel — ☐ Äpfel — ☐ Boden — ☐ Böden
- ☐ Bruder — ☐ Brüder — ☐ Garten — ☐ Gärten
- ☐ Großmutter — ☐ Großmütter — ☐ Großvater — ☐ Großväter
- ☐ Kasten — ☐ Kästen — ☐ Kindergarten — ☐ Kindergärten
- ☐ Laden — ☐ Läden — ☐ Mantel — ☐ Mäntel
- ☐ Mutter — ☐ Mütter — ☐ Tochter — ☐ Töchter
- ☐ Vater — ☐ Väter — ☐ Vogel — ☐ Vögel

2. ウムラウトしない名詞
〈単語の末尾が -er の名詞〉 注: Becher は「(ふつう取っ手や脚のない)コップ」

- ☐ Absender ☐ Arbeiter ☐ Aschenbecher ☐ Einwohner
- ☐ Bäcker ☐ Besucher ☐ Computer ☐ Fenster
- ☐ Engländer ☐ Fahrer ☐ Fehler ☐ Fleischer
- ☐ Fernseher ☐ Finger ☐ Flaschenöffner ☐ Kiefer
- ☐ Japaner ☐ Keller ☐ Kellner

- ☐ Koffer
- ☐ Lehrer
- ☐ Musiker
- ☐ Pullover
- ☐ Semester
- ☐ Teller
- ☐ Wunder

- ☐ Körper
- ☐ Leiter
- ☐ Opfer
- ☐ Schalter
- ☐ Staubsauger
- ☐ Theater
- ☐ Zimmer

- ☐ Kugelschreiber
- ☐ Maler
- ☐ Österreicher
- ☐ Schriftsteller
- ☐ Steuer
- ☐ Verkäufer
- ☐ Zucker

- ☐ Künstler
- ☐ Messer
- ☐ Pfarrer
- ☐ Schüler
- ☐ Teilnehmer
- ☐ Wecker
- ☐ Zuschauer

〈単語の末尾が -en の名詞〉

- ☐ Abendessen
- ☐ Mädchen
- ☐ Unternehmen

- ☐ Daumen
- ☐ Märchen
- ☐ Verbrechen

- ☐ Examen
- ☐ Päckchen
- ☐ Wagen

- ☐ Kuchen
- ☐ Rücken

〈単語の末尾が -el の名詞〉

- ☐ Enkel
- ☐ Möbel
- ☐ Verkehrsmittel

- ☐ Gürtel
- ☐ Onkel

- ☐ Löffel
- ☐ Schlüssel

- ☐ Mittel
- ☐ Spiegel

〈その他〉

- ☐ Gebäude

B 語尾 -e を付けて複数形を作るタイプ (-e タイプ)　＊ウムラウトするものとしないものとがあります。

1. ウムラウトする名詞

☐ Anwalt	—	☐ Anwälte	
☐ Arbeitsplatz	—	☐ Arbeitsplätze	
☐ Aufsatz	—	☐ Aufsätze	
☐ Ausflug	—	☐ Ausflüge	
☐ Bach	—	☐ Bäche	
☐ Ball	—	☐ Bälle	
☐ Bank	—	☐ Bänke	

＊意味は「ベンチ」; 「銀行」の意味の場合は Banken。

☐ Eindruck	—	☐ Eindrücke	
☐ Fahrplan	—	☐ Fahrpläne	
☐ Fluss	—	☐ Flüsse	
☐ Gast	—	☐ Gäste	
☐ Hand	—	☐ Hände	
☐ Kopf	—	☐ Köpfe	
☐ Lohn	—	☐ Löhne	
☐ Maus	—	☐ Mäuse	
☐ Pass	—	☐ Pässe	
☐ Platz	—	☐ Plätze	
☐ Raum	—	☐ Räume	
☐ Rock	—	☐ Röcke	
☐ Schrank	—	☐ Schränke	

☐ Anzug	—	☐ Anzüge	
☐ Arzt	—	☐ Ärzte	
☐ Auftrag	—	☐ Aufträge	
☐ Ausgang	—	☐ Ausgänge	
☐ Bahnhof	—	☐ Bahnhöfe	
☐ Band	—	☐ Bände	
☐ Baum	—	☐ Bäume	
☐ Draht	—	☐ Drähte	
☐ Einfluss	—	☐ Einflüsse	
☐ Fall	—	☐ Fälle	
☐ Fuß	—	☐ Füße	
☐ Grund	—	☐ Gründe	
☐ Hut	—	☐ Hüte	
☐ Kraft	—	☐ Kräfte	
☐ Markt	—	☐ Märkte	
☐ Nacht	—	☐ Nächte	
☐ Plan	—	☐ Pläne	
☐ Rat	—	☐ Ratschläge	

＊「忠告」の意味。Rat そのものの複数形はありません。

☐ Saal	—	☐ Säle	

＊母音が一つになります。

34

	Singular		Plural
☐	Sohn	☐	Söhne
☐	Spaziergang	☐	Spaziergänge
☐	Stock	☐	Stöcke
☐	Stuhl	☐	Stühle
☐	Topf	☐	Töpfe
☐	Turm	☐	Türme
☐	Vorfall	☐	Vorfälle
☐	Vorschlag	☐	Vorschläge
☐	Wand	☐	Wände
☐	Wurst	☐	Würste
☐	Zug	☐	Züge
☐	Spaß	☐	Späße
☐	Stadt	☐	Städte
☐	Strauß	☐	Sträuße
☐	Sturm	☐	Stürme
☐	Traum	☐	Träume
☐	Unfall	☐	Unfälle
☐	Vorhang	☐	Vorhänge
☐	Vorwurf	☐	Vorwürfe
☐	Wunsch	☐	Wünsche
☐	Zahn	☐	Zähne

2. ウムラウトしない名詞

- ☐ Apparat
- ☐ Berg
- ☐ Bus (Busse)
- ☐ Film
- ☐ Friseur
- ☐ Geheimnis (-nisse)
- ☐ Haar
- ☐ Institut
- ☐ Krieg
- ☐ Passagier
- ☐ Arm
- ☐ Bleistift
- ☐ Dieb
- ☐ Flugzeug
- ☐ Führerschein
- ☐ Geschäft
- ☐ Heft
- ☐ Jahr
- ☐ Mal
- ☐ Pferd
- ☐ Bein
- ☐ Boot
- ☐ Ding
- ☐ Fön
- ☐ Gebiet
- ☐ Geschenk
- ☐ Hund
- ☐ Kenntnis (-nisse)
- ☐ Moment
- ☐ Plakat
- ☐ Beispiel
- ☐ Brief
- ☐ Erkenntnis (-nisse)
- ☐ Freund
- ☐ Gefühl
- ☐ Getränk
- ☐ Ingenieur
- ☐ Kreis
- ☐ Paket
- ☐ Preis

- ☐ Problem
- ☐ Regenschirm
- ☐ Scherz
- ☐ Schirm
- ☐ Spiel
- ☐ Stern
- ☐ Teppich
- ☐ Tor
- ☐ Verdienst
- ☐ Weg
- ☐ Ziel

- ☐ Programm
- ☐ Ring
- ☐ Schicksal
- ☐ Schritt
- ☐ Spielzeug
- ☐ Stück
- ☐ Text
- ☐ Umweg
- ☐ Verlag
- ☐ Werk

- ☐ Punkt
- ☐ Roman
- ☐ Schiff
- ☐ Schuh
- ☐ Sprachkurs
- ☐ Tag
- ☐ Tier
- ☐ Unglück
- ☐ Versuch
- ☐ Wert

- ☐ Recht
- ☐ Schaf
- ☐ Schild
- ☐ Seil
- ☐ Stein
- ☐ Teil
- ☐ Tisch
- ☐ Unterschied
- ☐ Vorteil
- ☐ Witz

C 語尾 -er を付けて複数形を作るタイプ (-er タイプ) ＊ウムラウトするものとしないものとがあります。

1. ウムラウトする名詞

- ☐ Bad — ☐ Bäder
- ☐ Dorf — ☐ Dörfer
- ☐ Fahrrad — ☐ Fahrräder
- ☐ Glas — ☐ Gläser
- ☐ Gras — ☐ Gräser
- ☐ Kaufhaus — ☐ Kaufhäuser
- ☐ Krankenhaus — ☐ Krankenhäuser
- ☐ Motorrad — ☐ Motorräder
- ☐ Rathaus — ☐ Rathäuser

- ☐ Band — ☐ Bänder
- ☐ Fach — ☐ Fächer
- ☐ Gehalt — ☐ Gehälter
- ☐ Gott — ☐ Götter
- ☐ Haus — ☐ Häuser
- ☐ Kaufmann — ☐ Kaufmänner
- ☐ Land — ☐ Länder
- ☐ Postamt — ☐ Postämter
- ☐ Schwimmbad — ☐ Schwimmbäder

- ☐ Tuch — ☐ Tücher
- ☐ Wald — ☐ Wälder
- ☐ Wörterbuch — ☐ Wörterbücher
- ☐ Volk — ☐ Völker
- ☐ Wort — ☐ Wörter

2. ウムラウトしない名詞

- ☐ Bild
- ☐ Gesicht
- ☐ Schild
- ☐ Ei
- ☐ Kind
- ☐ Taschengeld
- ☐ Feld
- ☐ Kleid
- ☐ Trinkgeld
- ☐ Geld
- ☐ Lied

D 語尾 -en を付けて複数形を作るタイプ (-en タイプ)

1. 女性名詞

〈末尾が -ung で終わる〉

- ☐ Ausstellung
- ☐ Entscheidung
- ☐ Heizung
- ☐ Rechnung
- ☐ Versammlung
- ☐ Bedeutung
- ☐ Erfahrung
- ☐ Kreuzung
- ☐ Richtung
- ☐ Vorlesung
- ☐ Besserung
- ☐ Erinnerung
- ☐ Meinung
- ☐ Übersetzung
- ☐ Wohnung
- ☐ Buchhandlung
- ☐ Erzählung
- ☐ Prüfung
- ☐ Übung
- ☐ Zeitung

〈末尾が -heit, -keit, -zeit で終わる〉

- ☐ Bequemlichkeit
- ☐ Schwierigkeit
- ☐ Gelegenheit
- ☐ Sehenswürdigkeit
- ☐ Hochzeit
- ☐ Wahrheit
- ☐ Krankheit
- ☐ Zeit

〈末尾が -in で終わる〉
- ☐ Freundin
- ☐ Lehrerin
- ☐ Studentin
- ☐ Schülerin

〈末尾が -ion で終わる〉
- ☐ Diskussion
- ☐ Information
- ☐ Nation
- ☐ Lektion
- ☐ Religion

〈末尾が -schaft で終わる〉
- ☐ Botschaft
- ☐ Wissenschaft

〈その他〉
- ☐ Absicht
- ☐ Antwort
- ☐ Arbeit
- ☐ Art
- ☐ Aussicht
- ☐ Autobahn
- ☐ Bäckerei
- ☐ Bank
- ☐ Bibliothek
- ☐ Fabrik
- ☐ Frau
- ☐ Gebühr
- ☐ Gegend
- ☐ Kultur
- ☐ Nachricht
- ☐ Person
- ☐ Pflicht
- ☐ Reparatur
- ☐ Schrift
- ☐ Schuld
- ☐ Straßenbahn
- ☐ Tat
- ☐ Tür
- ☐ Uhr
- ☐ Uniform
- ☐ Universität
- ☐ Welt
- ☐ Zeitschrift

2. 男性名詞
〈男性弱変化名詞〉
- ☐ Architekt
- ☐ Christ
- ☐ Herr
- ☐ Kamerad
- ☐ Komponist
- ☐ Mensch
- ☐ Patient
- ☐ Philosoph

- ☐ Polizist
- ☐ Soldat
- ☐ Student
- ☐ Tourist

〈その他の男性名詞〉
- ☐ Doktor
- ☐ Nerv
- ☐ Professor
- ☐ Schmerz
- ☐ Staat
- ☐ Typ

3. 中性名詞
- ☐ Bett
- ☐ Hemd
- ☐ Ohr
- ☐ Herz

E 語尾 -n を付けて複数形を作るタイプ (-n タイプ)

*語の末尾が -e などの や -el で終わるものとがあります。逆に言うと、語の末尾が -e で終わるものや -el で終わるものは、複数形の場合、-n を付ければよいことになります。

1. 末尾が -e で終わる名詞

- ☐ Adresse
- ☐ Apotheke
- ☐ Auge
- ☐ Aussprache
- ☐ Banane
- ☐ Bitte
- ☐ Blume
- ☐ Briefmarke
- ☐ Brille
- ☐ Brücke
- ☐ Chance
- ☐ Cousine
- ☐ Dame
- ☐ Decke
- ☐ Dusche
- ☐ Ecke
- ☐ Ende
- ☐ Familie
- ☐ Farbe
- ☐ Flasche
- ☐ Fliege
- ☐ Frage
- ☐ Fremdsprache
- ☐ Freude
- ☐ Garage
- ☐ Gasse
- ☐ Geige
- ☐ Geschichte
- ☐ Glocke
- ☐ Grenze
- ☐ Gruppe
- ☐ Hausaufgabe
- ☐ Hose
- ☐ Hütte
- ☐ Interesse
- ☐ Jacke

- ☐ Karte
- ☐ Kohle
- ☐ Linie
- ☐ Minute
- ☐ Münze
- ☐ Pfanne
- ☐ Rede
- ☐ Rose
- ☐ Seife
- ☐ Speise
- ☐ Strafe
- ☐ Suppe
- ☐ Tasse
- ☐ Traube
- ☐ Vase
- ☐ Wette
- ☐ Wolke

- ☐ Katze
- ☐ Krawatte
- ☐ Lampe
- ☐ Mitte
- ☐ Nase
- ☐ Pflanze
- ☐ Reihe
- ☐ Sache
- ☐ Seite
- ☐ Sprache
- ☐ Straße
- ☐ Tablette
- ☐ Toilette
- ☐ Treppe
- ☐ Waffe
- ☐ Wiese
- ☐ Zigarette

- ☐ Kirche
- ☐ Küche
- ☐ Maschine
- ☐ Möhre
- ☐ Nichte
- ☐ Puppe
- ☐ Reise
- ☐ Schule
- ☐ Sekunde
- ☐ Stelle
- ☐ Stufe
- ☐ Tante
- ☐ Tomate
- ☐ Tüte
- ☐ Ware
- ☐ Witwe
- ☐ Zitrone

- ☐ Klasse
- ☐ Lage
- ☐ Miete
- ☐ Mücke
- ☐ Pause
- ☐ Quelle
- ☐ Rolle
- ☐ Seele
- ☐ Sitte
- ☐ Stimme
- ☐ Stunde
- ☐ Tasche
- ☐ Träne
- ☐ Ursache
- ☐ Weise
- ☐ Woche

〈本来、複数形語尾が -en に準じるもの〉
- ☐ Allee   (Alleen: < Allee-en)
- ☐ Industrie   (Industrien: < Industrie-en)
- ☐ See   (Seen: < See-en)
- ☐ Idee   (Ideen: < Idee-en)
- ☐ Philosophie (Philosophien: < Philosophie-en)
- ☐ Theorie   (Theorien: < Theorie-en)

〈男性弱変化名詞〉
- ☐ der Erbe
- ☐ der Junge
- ☐ der Neffe
- ☐ der Franzose
- ☐ der Kollege
- ☐ der Gedanke
- ☐ der Kunde
- ☐ der Hase
- ☐ der Name

2. 末尾が -el, -er で終わる名詞
- ☐ Achsel
- ☐ Kartoffel
- ☐ Feier
- ☐ Nummer
- ☐ Ampel
- ☐ Regel
- ☐ Kiefer
- ☐ Schulter
- ☐ Gabel
- ☐ Tafel
- ☐ Leiter
- ☐ Schwester
- ☐ Insel
- ☐ Zwiebel
- ☐ Mauer
- ☐ Steuer

〈その他〉
- ☐ Nachbar

F 語尾 -s を付けて複数形を作るタイプ（-s タイプ）など
* -s タイプの他に、特殊な複数形を作る外来語、形容詞派生の名詞を挙げます。

1. -s タイプの名詞
- ☐ Auto
- ☐ Chef
- ☐ Hotel
- ☐ Menü
- ☐ Party
- ☐ Bonbon
- ☐ Foto
- ☐ Job
- ☐ Oma
- ☐ Radio
- ☐ Büro
- ☐ Genie
- ☐ Kamera
- ☐ Opa
- ☐ Restaurant
- ☐ Café
- ☐ Hobby
- ☐ Mensa
- ☐ Park
- ☐ Sofa

☐ Taxi ☐ Tee ☐ Zoo

2. 特殊な複数形を作る名詞

☐ Firma — ☐ Firmen ☐ Gymnasium — ☐ Gymnasien
☐ Museum — ☐ Museen ☐ Studium — ☐ Studien
☐ Thema — ☐ Themen ☐ Zentrum — ☐ Zentren

3. 形容詞の名詞化

☐ der/die Angestellte — ☐ die Angestellten ☐ der/die Alte — ☐ die Alten
☐ der Beamte — ☐ die Beamten ☐ der/die Bekannte — ☐ die Bekannten
☐ der/die Deutsche — ☐ die Deutschen ☐ der/die Erwachsene — ☐ die Erwachsenen
☐ der/die Kranke — ☐ die Kranken ☐ der/die Verwandte — ☐ die Verwandten

II 不規則変化動詞の三基本形 (幹母音に基づくまとめ)

＊以下の不規則変化動詞は、『新・独検合格 単語＋熟語1800』に収録されているもの（基本的に複合動詞は除く）を「幹母音の変化の仕方」に基づいてまとめたものです。なお、音響文字は便宜的なもの。[:] は長母音を表します。　　注：不定詞と過去分詞が同形

[a / i / a]　fangen　　捕まえる　　— fing　　— gefangen
　　　　　　fallen　　　転ぶ　　　　— fiel　　— gefallen
[a / i: / a]　gefallen　気に入る　　— gefiel　— gefallen
　　　　　　halten　　 持っている　— hielt　　— gehalten

42

不定詞	意味	過去形		過去分詞	注
enthalten	含む	enthielt	—	enthalten	
unterhalten	談笑する	unterhielt	—	unterhalten	注：不定詞と過去分詞が同形
lassen	…させる	ließ	—	gelassen	注：不定詞と過去分詞が同形
verlassen	去る	verließ	—	verlassen	注：不定詞と過去分詞が同形

[a: / i: / a:]

braten	(肉など)を焼く	briet	—	gebraten	
raten	忠告する	riet	—	geraten	
schlafen	眠る	schlief	—	geschlafen	
backen	(パンなど)を焼く	buk	—	gebacken	
schlagen	殴る	schlug	—	geschlagen	
wachsen	成長する	wuchs	—	gewachsen	注：過去形の幹母音は長母音
waschen	洗う	wusch	—	gewaschen	注：過去形の幹母音は長母音

[a / u: / a]

fahren	(乗り物で)行く	fuhr	—	gefahren	
erfahren	経験する	erfuhr	—	erfahren	注：不定詞と過去分詞が同形
laden	積む	lud	—	geladen	
tragen	運ぶ	trug	—	getragen	
betragen	…の額になる	betrug	—	betragen	注：不定詞と過去分詞が同形

[a: / u: / a:]

beißen	噛む	biss	—	gebissen	
begreifen	理解する	begriff	—	begriffen	
schneiden	切る	schnitt	—	geschnitten	
streiten	争う	stritt	—	gestritten	

[ai / i: / i]

heißen	…という名である	hieß	—	geheißen	
bleiben	留まる	blieb	—	geblieben	
entscheiden	決定する	entschied	—	entschieden	

[ai / i: / ai]
[ai / i: / i:]

43

[au / i: / au]	leihen	貸す	lieh	―	geliehen	
	reiben	こする	rieb	―	gerieben	
	scheinen	輝く	schien	―	geschienen	
	schreiben	書く	schrieb	―	geschrieben	
	schreien	叫ぶ	schrie	―	geschrien	
	schweigen	黙る	schwieg	―	geschwiegen	
	steigen	のぼる	stieg	―	gestiegen	
[e / a / o]	laufen	走る	lief	―	gelaufen	
	gelten	有効である	galt	―	gegolten	
	helfen	助ける	half	―	geholfen	
	verderben	腐る	verdarb	―	verdorben	
	werfen	投げる	warf	―	geworfen	
[e / a: / e]	essen	食べる	aß	―	gegessen	
	fressen	(動物が)食べる	fraß	―	gefressen	
	messen	はかる	maß	―	gemessen	
	vergessen	忘れる	vergaß	―	vergessen	注：不定詞と過去分詞が同形
[e / a: / o]	brechen	折る	brach	―	gebrochen	
	sprechen	話す	sprach	―	gesprochen	
	treffen	会う	traf	―	getroffen	
[e / o / o]	schmelzen	溶ける	schmolz	―	geschmolzen	
[e: / a / a]	stehen	立っている	stand	―	gestanden	
[e: / a: / e:]	geschehen	起こる	geschah	―	geschehen	注：不定詞と過去分詞が同形
	geben	与える	gab	―	gegeben	

注：子音も変わる

[e: / a: / o]	lesen	読む	las —	gelesen
	sehen	見る	sah —	gesehen
	treten	歩く	trat —	getreten
[e: / a: / o:]	nehmen	取る	nahm —	genommen
	befehlen	命令する	befahl —	befohlen
	empfehlen	勧める	empfahl —	empfohlen
	stehlen	盗む	stahl —	gestohlen
[e: / i / a]	gehen	行く	ging —	gegangen
[e / i / a]	hängen	掛かっている	hing —	gehangen
[i / a / o]	beginnen	始める	begann —	begonnen
	gewinnen	勝つ	gewann —	gewonnen
	schwimmen	泳ぐ	schwamm —	geschwommen
[i / a / u]	finden	見つける	fand —	gefunden
	gelingen	成功する	gelang —	gelungen
	klingen	鳴る	klang —	geklungen
	singen	歌う	sang —	gesungen
	sinken	沈む	sank —	gesunken
	springen	跳ぶ	sprang —	gesprungen
	trinken	飲む	trank —	getrunken
	verschwinden	消える	verschwand —	verschwunden
[i / a: / e]	sitzen	座っている	saß —	gesessen
[i / a: / e:]	bitten	頼む	bat —	gebeten
[i: / a: / e:]	liegen	（横になって）置いてある	lag —	gelegen

[i: / o / o]	fließen	流れる	floss	geflossen
	schließen	閉める	schloss	geschlossen
	genießen	楽しむ	genoss	genossen
[i: / o: / o:]	bieten	提供する	bot	geboten
	fliegen	飛ぶ	flog	geflogen
	fliehen	逃げる	floh	geflohen
	frieren	凍る	fror	gefroren
	verlieren	失う	verlor	verloren
	wiegen	量る	wog	gewogen
	ziehen	引く	zog	gezogen
[o / a: / o]	kommen	来る	kam	gekommen
	bekommen	得る	bekam	bekommen
[o: / i: / o:]	stoßen	突く	stieß	gestoßen
[u: / a: / a:]	tun	する	tat	getan
[u: / i: / u:]	rufen	呼ぶ	rief	gerufen
[y: / o: / o:]	betrügen	だます	betrog	betrogen
	lügen	ウソをつく	log	gelogen

注：子音も変わります。

注：不定詞と過去分詞が同形

《特殊な変化をする動詞》
①幹母音を変えながら、②語幹に接尾辞-teを付けて過去基本形を、③接頭辞ge-と接尾辞-tを付けて過去分詞を作るものもあります。

[e / a / a]	brennen	燃える	brannte	gebrannt
	denken	考える	dachte	gedacht

kennen	—	kannte	—	gekannt
nennen	—	nannte	—	genannt
rennen	—	rannte	—	gerannt
wenden	—	wandte	—	gewandt
bringen	—	brachte	—	gebracht
wissen	—	wusste	—	gewusst

[i / a / a] 　知っている / …と呼ぶ / 走る / 向ける
[i / u / u] 　運ぶ / 知っている

Ⅲ　auch, doch, gar, immer, ja, mal, mehr, noch の用例

＊小問 3 および 4 では、微妙な意味を表す副詞がよく出題されます（大問 4 でも出題されることがあります）。したがって、出題対象になりうる重要な副詞 auch, doch, gar, immer, ja, mal, mehr, noch の用法を以下にまとめて示します。

auch

① …もまた：　　　　　　　　　　　　　　　Kommst du auch mit?　　　　　　　　　　　君も一緒に来ますか？
《関連する語句の直前に》　　　　　　　　　Auch ich war dabei.　　　　　　　　　　　　私もその場にいました。
② その上：　　　　　　　　　　　　　　　　Er ist klug, aber auch fleißig.　　　　　　　彼は賢いですが、その上勤勉です。
③ さえも（＝ selbst / sogar）：　　　　　　 Auch das gefiel ihm nicht.
　　　　　　　　　　　　　　　　　　　　　そのことさえも彼には気に入りませんでした。
④ （事実との一致を表し）実際また：　　　　Er sah krank aus, und er war es auch.
　　　　　　　　　　　　　　　　　　　　　彼は病気のように見えました、実際また病気だったのです。
《理由的意味合いで》　　　　　　　　　　　Ich gehe jetzt, es ist auch schon spät.　　私はもう行くよ、またもう遅いし。
⑤ 《不満抗議などの感情を表し》　　　　　　Warum kommst du auch so spät?

47

なんで君はこんなに遅くなってから来るのですか？

doch
① 《最初の予想通りであることを表して》やはり：
Ich habe mich doch nicht geirrt.
私はやはり思い違いしてなかった。
Du hast es also doch gewusst.
君はそれをやはり知っていたんだ。
《also doch の形で》
② 《ある事柄を再確認する形で叙述を強め》なんといっても、結局、実際：
Du bist doch kein Kind mehr.
君はもう子供じゃないんだ。
Das kannst du doch nicht machen!
それはやってはいけないことなんだよ。
《非難などの意味合いで》
③ 《命令文で；催促などを表して》ともかく、いいから、さあ：
Komm doch endlich!
さあ、いいかげんに来いよ！
Nicht doch!
お願いだからやめてくれ！
Reist doch mal nach Deutschland!
一度ドイツに旅行に行きなよ！
《mal と一緒に》
④ 《接続法Ⅱの願望文で；願望のかなわなかった悔しさを表して》…であったらな
Ach, wenn ich doch den Zug nicht verpasst hätte!
ああ、列車に乗り遅れなかったらな！

◆ wenn nicht... so doch …でないとしても：
Er ist, wenn nicht Mittäter, so doch Mitwisser.
彼は共犯者ではなくとも一味だ。

gar
《否定詞を強めて》全く…でない：
Sie sagte gar nichts.
彼女は何も言いませんでした。
Er hat gar keine Zeit.
彼は全く時間がない。

48

immer

① いつも、常に、絶えず：

Das ist gar nicht wahr.
それは全く真実ではありません。

② 《形容詞・副詞の比較級と》ますます、どんどん：

Das Wetter war immer schön.
天気はずっと良かった。

Es wurde immer kälter.
ますます寒くなりました。

◆ nicht immer いつも…とは限らない：

Er ist nicht immer zu Hause.
彼はいつも家にいるわけではありません。

◆ immer noch 〈noch immer〉いまなお：

Es regnet noch immer.
雨がいまなお降っています。

Um 11 Uhr lag er immer noch im Bett.
11時なのに彼はまだ寝ていました。

◆ immer wieder 再三再四：
immer wieder von vorn anfangen
再三再四初めからやり直す

◆ immer wenn...の時はいつも：
Immer wenn ich ausgehen will, regnet es.
私が外出しようとするといつも雨が降ります。

◆ wie immer いつものように：
Er ging wie immer um 11 Uhr ins Bett.
彼はいつものように11時に就寝しました。

◆ auf 〈für〉immer 永遠に、永久に

ja

① (理由づけを表して) だって (…) じゃないか：

Du, wir müssen umkehren, es wird ja schon dunkel.
おい帰らなきゃ、もう暗くなるじゃないか。

《抗議の意味合いで》

Ich komme ja schon!
すぐ行きますったら！

② (事実の確認、そしてそれに基づく驚きなどを表して) 本当に、実に:

Brr, das ist ja eiskalt!
ブルルこりゃ寒いや！

mal《einmal の口語形》

① 以前; いつか:

Er ist schon mal dort gewesen.
彼は既に以前そこに行ったことがあります。
いつか近いうちに手紙をちょうだい！

② 《命令文で》ちょっと:

Schreib bald mal!
Komm mal her!
ちょっとこっちへ来いよ！

《doch と一緒に》

Reist doch mal nach Deutschland!
一度ドイツに旅行に行ってみなさいよ！

◆ noch mal もう一度:

Er versucht es noch mal.
彼はそれをもう一度試みてみます。

◆ nicht mal ‥ずらない:

Sie hat sich nicht mal entschuldigt.
彼女はもう謝りすらしませんでした。

mehr〔sehr の比較級〕

① より多く、もっと:

Er verdient mehr als ich.
彼は私よりも収入が多いです。

② 《二つの性質を比較して》むしろ:

Er ist mehr Makler als Gelehrter.
彼は学者というよりもブローカーです。

Die Kiste ist mehr lang als breit.
その箱は幅よりも長さの方があります。

④ 《否定詞と》もはや (‥でない):

Sie ist nicht mehr berufstätig.
彼女はもう職業についていません。

Er will es nie mehr tun.
彼はもうそれをするつもりはありません。

Ich sage nichts mehr.
私はもう何も言いません。

Sie ist kein Kind mehr.
彼女はもう子供じゃありません。

◆ mehr oder weniger 多かれ少なかれ、多い少ないの差はあっても、ある程度

◆ immer mehr ますます:

Immer mehr komme ich zu der Überzeugung, dass..
ますます…という私の確信は強くなります。

noch

① まだ、なお：
Er ist noch krank. 彼はまだ病気です。
Wir haben noch viel Zeit. 私たちはまだ十分時間があります。

② (限界ぎりぎりであることを表して) なんとかまだ：
Das geht noch. それならなんとかまだいける。
Das kann ich noch akzeptieren. それなら私はまだ受け入れられます。
Bitte noch ein Bier! もう一杯ビールお願いします。
Ich muss dir noch etwas sagen.

③ (その上) なお、さらに：
Ich muss dir noch etwas sagen. もう一ついわねばならないことがあります。
Er ist dumm und dazu noch frech. 私は君にまだ言わねばならないことがあります。

④《比較級を強めて》もっと、ずっと：
Er ist noch größer als du. 彼は君よりも背がもっと高い。
Es ist heute noch kälter als gestern. きょうは昨日よりもずっと寒い。

◆ noch einmal もう一度：
Bitte noch einmal! もう一度お願いします！

◆ noch nicht まだ…ない：
Sie ist noch nicht zurück. 彼女はまだ戻っていません。

◆ noch nie いまだかつて…ない：
So etwas habe ich noch nie gehört. そんなことは私は未だ聞いたことがありません。

◆ gerade noch かろうじて：
Er konnte das Schlimmste gerade noch verhüten. 彼は最悪の事態をかろうじて避けることができました。

◆ immer noch〈noch immer〉依然として、今なお：
Er liegt immer noch im Krankenhaus. 彼は今なお病院にいます。

◆ nur noch もう…しか：
Ich habe nur noch zehn Euro. 私はもう10ユーロしかありません。

51